速度、灵敏和反应训练

（第3版）

【美】 李·E.布朗（Lee E. Brown）
万斯·A.费里格诺（Vance A. Ferrigno） 编著
陈洋 周亢亢 译

人民邮电出版社
北 京

图书在版编目（CIP）数据

速度、灵敏和反应训练：第3版 / （美）李·E.布朗
(Lee E. Brown)，（美）万斯·A.费里格诺
(Vance A. Ferrigno) 编著；陈洋，周亢亢译. -- 北京：
人民邮电出版社，2017.2
ISBN 978-7-115-43071-7

Ⅰ. ①速… Ⅱ. ①李… ②万… ③陈… ④周… Ⅲ.
①运动训练 Ⅳ. ①G808.1

中国版本图书馆CIP数据核字（2016）第231198号

版权声明

免责声明

作者和出版商都已尽可能确保本书技术上的准确性以及合理性，并特别声明，不会承担由于使用本出版物中的材料而遭受的任何损伤所直接或间接产生的与个人或团体相关的一切责任、损失或风险。

内 容 提 要

相比于以往任何时候，如今的运动员都更高大、更强壮、速度更快，并且更灵活。他们综合展示出了高水平的力量、速度和反应，提高了成绩、比赛和训练的标准。本书正是专业教练员和运动员所需要的完整训练指南，帮助您在比赛中领先一步。

利用这个完整的训练体系，您将获得包括针对培养移动技能的最有效的训练和练习，并且可以了解到如何进行关键测试。本书包括 14 个运动大项的训练方案，帮助教练员积极高效地制定备战计划。为了最大限度地提高运动员的能力，顶级的运动和体能专家提供了有关测试、技术、练习和训练方案的科学指导。本书还包括 262 项训练，以及验证评估方案，有助于定制培训计划并跟踪进度。

本书对于想提高自己成绩的运动员，以及想要提高队员成绩的教练员具有参考价值。

◆ 编　著　[美] 李·E.布朗（Lee E. Brown）
　　　　　　万斯·A.费里格诺（Vance A. Ferrigno）
　译　　　　陈 洋　周亢亢
　责任编辑　李 璇
　责任印制　周昇亮

◆ 人民邮电出版社出版发行　　北京市丰台区成寿寺路 11 号
　邮编　100164　电子邮件　315@ptpress.com.cn
　网址　http://www.ptpress.com.cn
　北京天宇星印刷厂印刷

◆ 开本：700×1000　1/16
　印张：19　　　　　　　　2017 年 2 月第 1 版
　字数：402 千字　　　　　2025 年 9 月北京第 38 次印刷
　著作权合同登记号　图字：01-2016-4062 号

定价：88.00 元

读者服务热线：(010)81055296　印装质量热线：(010)81055316
反盗版热线：(010)81055315

致特蕾莎（Theresa）。我感激您。

——李（Lee）

感谢牺牲自己来拯救我的救世主的爱。
致爱我和信任我的安妮·玛丽（Ann Marie）。
致安东尼（Anthony）和约翰（John）：成为你们的
爸爸是我最骄傲的事情。

——万斯（Vance）

目录

第一部分　训练基础

第二部分　训练方案

训练索引

*训练级别：B＝初级，I＝中级，A＝高级

*换算：1码＝0.914米

练习名称	练习编号	页码	练习重点	练习级别*
第5章 灵敏性训练（续）				
后撤步—滑步—冲刺	109	121	标志桶训练	I
后撤步+冲刺—直线	165	164	后撤步训练	I
后撤步—穿行	168	166	后撤步训练	I
绳梯向后交叉步交换跳	146	152	绳梯训练	A
向后粘滑步	138	146	绳梯训练	A
向后绳梯之字形	140	148	绳梯训练	A
后滚翻	172	170	全身灵敏性	I
后退跑	164	164	后撤步训练	B
向后滑步跳	143	149	绳梯训练	A
向后回转跳	136	145	绳梯训练	A
向后转体跳	137	145	绳梯训练	A
之字形后退	97	114	标志桶训练	I
向后之字形同进	142	149	绳梯训练	I
沙袋—双脚跳+转体180度	163	163	沙袋训练	I
沙袋—横向跨步	157	159	沙袋训练	I
沙袋—横向跨步+向前、向后组合训练	162	162	沙袋训练	I
沙袋—横向跨步+高抬腿组合训练	158	159	沙袋训练	I
沙袋—横向跨步+两步	159	160	沙袋训练	I
沙袋—横向跨步+冲刺	161	162	沙袋训练	I
沙袋—横向跨步+触碰	160	161	沙袋训练	I
沙袋—穿行训练	151	156	沙袋训练	I
沙袋—之字形滑步	153	157	沙袋训练	I
侧身交叉步	128	138	绳梯训练	B
沙袋—变向训练	150	155	沙袋训练	I
组合之字形	98	114	标志桶训练	I
还原	76	98	线路训练	I
标志桶旋转	93	111	标志桶训练	I
之字形通过标志桶	96	113	标志桶训练	I
交叉步跑	78	99	线路训练	B
交叉步小跳	77	98	线路训练	B
绳梯—滑行交叉步	147	152	绳梯训练	I
菱形滑步	108	121	标志桶训练	I
双进出滑步	133	143	绳梯训练	I
双脚向前跳	79	99	线路训练	B
两步	127	137	绳梯训练	B
E形移动	117	128	标志桶训练	A
每一个格	126	136	绳梯训练	B
F形移动	118	129	标志桶训练	A

前言

欢迎阅读本书的第三版！作为编辑，我们希望读者会觉得这一版中的新内容有助于提高运动成绩，同时也提高为自己或运动员设计专项运动训练计划的能力。

在这个版本中，读者会发现我们已经增加了有关心理技能训练的新材料，以及专项运动训练计划。我们相信，这些新的章节将提高您的运动成绩，以及您所训练的运动员的成绩。

此外，本书的视觉布局亦有所改善，并且增加了每章中的训练数量，包括详细说明，以及直接从视频截出的照片。

以下是各章的重点。

- 第1章，训练原理：本章讨论速度、灵敏性以及反应和专项运动训练之间的重要关联。它讲述了爆发力训练背后的科学，同时讨论如何操纵关键的方案设计变量。

- 第2章，运动员评估：在这里，我们讨论测试的基础，目的是要正确地设计个性化的训练方案。我们将解释如何设计一个评估策略，使用训练本身作为测试工具来评估成绩需求和收获。

- 第3章，结合心理技能训练：在本章中，我们将介绍如何在训练方案中设计、评估，并整合心理技能。本章包括有助于提高运动员的运动心理的工作表和活动。

- 第4章，速度训练：速度是一项复杂的技能，由许多成分，包括加速、步频和步长。本章分解每一个部分，并解释如何将有效地训练它们，以达到最好的成绩。此外，明确定义了正确的短跑技术，包括指导提示。

- 第5章、灵敏性训练：方向的变化可以增强运动能力。

因此，本章准备了提高灵敏性的评估策略和训练方案，并提供了相应的生理性理论基础。

- 第6章，反应速度和反应时间训练：反应速度通常被定义为速度的第一步。在本章中，我们将探讨如何实现并提高专项运动的反应速度。此外，说明了任何运动都要将反应时间训练融合到训练方案中。

- 第7章，编制自定义的方案：本章引入讨论如何在适当锻炼中正确地设计和实施从热身到放松运动的每一个方面。还有一节专门针对调整锻炼方案，以实现最佳的个性化结果。

- 第8至16章，专项运动的训练方案：最后这几章概述了棒球、垒球、美式橄榄球、英式橄榄球、篮球、无板篮球、格斗运动、田径、足球、曲棍球、网球、羽毛球、美式墙网球和壁球的具体要求。并且提供了一个为期八周的力量、灵敏性和反应速度训练方案，包括训练、组数和重复次数。

希望您喜欢阅读本书并观看视频。我们真诚地认为，遵循本书中规定的方案和原则，将提高任何运动员的成绩。最后，请记住，速度只追求一个字——快！

致谢

我感谢在加州州立大学富勒顿分校的优秀学生们愿意为本书的训练拍摄提供协助。

——李·E.布朗

我感谢加里·格雷（Gary Gray）和戴维·蒂贝里奥（Dave Tiberio）的友谊、指导和耐心，帮助我理解人类的运动天赋。

——万斯·A.费里格诺

第一部分

训练基础

第1章

训练原理

托里·L. 博德特（ToriL.Beaudette）和李·E. 布朗（Lee E.Brown）

速度、灵敏性和反应训练已成为运动员流行的训练方式。随着提高运动能力的需求不断增加，已经证明这种类型的训练可以帮助多种运动的参与者提高实战能力。除了传统的阻力训练以外，这种训练有助于将在健身房获得的力量转换为赛场上的优秀成绩。几乎每一项运动都要求手臂或腿的快速动作，速度、灵敏性和反应训练可以提高这些方面的技能。因此，若将速度、灵敏性和反应训练整合到训练方案中，所有的运动员都能从中受益。

虽然这种类型的训练已经出现了很多年，但很多运动员都没有练习过。这主要是由于缺乏两个方面的知识，一是其具体的好处，二是如何将它整合到一个完整的训练方案中。具体来说，速度、灵敏性和反应训练的目的是提高运动员在高速运动中发挥最大力量的能力。它利用拉伸缩短周期（SSC），同时弥合传统阻力训练和特定功能的运动之间的差异。速度、灵敏性和反应训练的一些好处包括，在所有的多平面运动中增加肌肉力量，增强神经元的信号传递效率、运动空间感、运动技能和反应。获得更好的平衡和反应，将让运动员在技能完成过程中保持正确的身体姿势，并对比赛环境中的任何变化做出更熟练的反应。如果运动员会被自己的脚绊倒，快速移动是没有用的。

许多运动员和教练还没有意识到，速度、灵敏性和反应训练可以覆盖从低到高的所有训练强度。在开始训练方案时，每个运动员都处于不同的训练水平，而强度必须与运动员的能力相匹配。例如，在较低强度下，可以以教动作、热身或训练的基础部分时使用本书中介绍的各种呼吸技术。参加这个级别的速度、灵敏性和反应训练不需要太多准备的。较高强度的训练则需要充分的准备。安全的参与和提高其效率的简单方法是在开始速度、灵敏性和反应训练时，同时开始力量训练方案。

现在，我们来回顾一下速度、灵敏性和反应训练的原理，以及如何在训练中实施它来保证完整的训练。

了解工作中的肌肉

了解肌肉功能的基本生理特征，有助于理解为什么这种特殊类型的训练如此之有效。

在身体中，每一块骨骼肌都由结缔组织、肌肉组织、神经和血管组成，并且由从大脑发出的信号进行控制。这些组成部分以协调的方式共同工作，使骨骼和四肢以所需的模式移动。肌肉组织连接到肌腱，肌腱是将肌肉连接到骨头的非收缩段。因此，在肌肉中形成的张力转移到肌腱，然后转移到骨头。

更深入来说，每条肌肉纤维中都含有数百条甚至数千条很细的纵向纤维。这些纤维包括两种相反方向收缩的指状蛋白（肌动蛋白和肌球蛋白）。肌动蛋白和肌球蛋白形成被称为横桥，一个附件。它们通过横桥相互拉扯对抗。通过一系列由大脑信号控制的化学反应，蛋白之间反复拉动和释放让肌肉产生收缩，从而产生力。该活动的总和就是我们所衡量的肌肉力量。训练可以提高肌肉产生力的能力，并因而提高产生力量的能力。

拉伸缩短周期活动是速度、灵敏性和反应训练的核心，因为这些技能需要具有方向和速度变化的爆发性动作（Plisk 2000）。该周期活动包括离心（肌肉拉长）动作和向心（肌肉缩短）动作的组合；其工作原理就像橡皮筋被拉伸，然后又弹回在一起。当运动员降低重心时，如跳起落地过程中的下降减速动作，或为了改变方向而减速时，就会执行离心肌肉动作。在上升阶段，在刚刚描述的练习中进行相向运动时，则会出现向心肌肉动作。当离心动作先于向心动作时，通过更多的大脑信号，加上肌肉类似橡皮筋性质的弹性力，将向心动作所产生的力放大。这是SSC及速度、灵敏性和反应训练的本质。

SSC在运动中的例子有挥棒球棒或高尔夫球杆，在这个过程中，在计划动作之前的准备动作是绕臂或预伸展。但是，如果在准备动作和随挥之间有停顿，在执行的向心阶段中就不会增加力量输出。在散步和跑步等日常活动中也会出现SSC，但在速度、灵敏性和反应训练的过程中，SSC被大大加强。

在体育竞技的各个层面上都可以获得SSC带来的程度各异的好处。以垂直跳跃为例，若跳跃者在起跳前先屈曲其膝关节和髋关节，然后向上突然跳起，其跳跃高度将高于在膝关节屈曲到底部时停几秒钟再起跳的高度。另一个例子在棒球的投球中可以看到。如果投手没有完成绕臂，预伸展运动就无法产生尽可能多的力，因此，投球的速度会较慢。

上肢和下肢都可以执行SSC活动，并且可以通过外部器械来增强这种活动，如自由重量、橡胶管和实心球。只要运动员需要加速或减速运动，这类器械都可以帮助他们执行向心和离心动作。但即使不使用辅助器械，只使用自重作为阻力，也可以进行速度、灵敏性和反应训练。

整合速度、灵敏性和反应训练

要记住，速度、灵敏性和反应训练应补充传统的阻力训练，这是非常重要的。换句话说，应该除了执行该训练还要举重，而不是用该训练代替举重。应该在已经建立了一般身体训练的扎实基础后再开始更高强度的速度、灵敏性和反应训练。对于初学者来说，这可能意味着半年到一年的基础训练。最主要的一点是要有足够的力量基础，才可以充分完成每一次速度、灵敏性和反应练习，不会造成损伤。此外，高强度的速度、灵敏性和反应训练一般应在赛季前一两个月的期间进行，对于初学者来说，每节训练课应持续大约30 ~ 45分钟，每周两天。

教练员们在为每名运动员编写训练计划时，需要考虑几个参数。首先，考虑训练年限、体能水平，以及运动员将要执行速度、灵敏性和反应训练的频度。除了这些考虑因素，还有七个关键的训练变量需要讨论。它们是选择（choice）、顺序（order）、频次（frequency）、强度（intensity）、训练量（volume）、休息（rest）以及进阶（progression）（缩写为CO-FIVR-P）。

选择

训练计划中选择的练习应该模拟运动员在比赛中的要求。练习应具体针对与移动方向、移动速度有关的运动，以及该运动使用的肌肉和代谢需求。每一个计划的设计都必须有一个具体的目标。例如，短跑运动员的训练方案包括短程直线速度训练；而足球运动员的训练方案则要结合多方向训练，并且要有一定的重复次数和持续时间。

顺序

练习的顺序应遵循三种主要模式：练习的执行应该从易到难，从低强度到高强度，从一般到专项。在每节训练课以及整个训练方案的过程中都应该使用这样的顺序。以这种方式安排练习顺序可以逐渐让运动员为其在顶级赛事中执行所需的最复杂、激烈和专项动作中做好准备。

频次

训练频次指的是在给定的时间长度（通常是每周）完成的训练课数量。频次应根据运动员的能力水平及其训练方案进度进行调整。对于新手，开始时在当前训练计划中加入一个或两个基本的速度、灵敏性和反应训练练习。具体来说，运动员要先从每个练习的基本技术开始，再进阶到要求更高的技术，这很重要。而且学习基本练习的正确技巧，可以使他们能及时进阶到高级阶段练习。当运动员取得进步后，训练频次将会增加：从每周两次增加到三次或者三次以上。

强度

强度是指在肌肉运动期间完成的工作质量，用功率输出来评价（即每单位时间完成的工作）。训练强度也可通过特定练习的难易度进行定义。可以根据移动的速度、是否有计划的移动，以及移动的角度来调整练习的强度。强度和训练量成反比，因此彼此间相互影响。

训练量

训练量是指在一节训练课中总的完成的组数和重复次数。强度和训练量间存在反比关系。这意味着强度增加，则训练量减少。在训练方案的开始阶段，训练量大，而强度低。当运动员接近比赛期时，训练量随着强度的增加而逐渐减少。训练量的计算（组数×重复次数）对于评估训练进度非常重要。在给定训练课中的训练量以运动员的体能水平为基础。组数和重复次数，以及训练强度变化的适当组合也有助于增强对训练的适应性。通过重复的测试课，运动员的适应能力会表现得更明显。

休息

休息往往是被遗忘的变量。它可以防止训练过度，对于训练方案取得成功至关重要。训练方案的进度必须包括休息，以达到最大化针对每一项运动的训练适应作用。训练课或训练活动越难，运动员就越需要较长时间去恢复。因此，随着强度的增加，相应的增加休息的时间。

进阶

当运动员达到其目标时，训练计划应逐渐进阶，并且应该针对某个专项。强度应从低到中，直到掌握了动作。然后，随着强度的增加而训练量减少。强度从低到高的进阶取决于运动员在一年中的训练进度。初学者的训练强度水平普遍较低，以确保他们能正确地完成规定的练习，同时避免受伤。低强度练习可以是最大负荷强度的40% ～ 50%，中等强度为50% ～ 80%，而高强度则为80% ～ 100%。训练量的增加与强度有关；随着强度增大，训练量减少。请记住，随着运动员的进步，必须在训练课内和训练课之间增加休息时间，以确保足够的恢复。教练可以采用不同的计划，允许每周休息两三天。然而，当运动员临近比赛时，休息时间可能就要减少。

应该根据运动员的训练水平来操控每一个关键的训练变量。运动员可以被划分为三个主要类别：新人、有经验的、高水平运动员。新人是指刚刚开始进行该项运动的练习者。他可能是青少年，也可能是选择在以后的生活中接受体育运动的成人。其潜在的提高空间很大。有经验的运动员已经参加了一至五年的训练，并且有规律的训练计划。他们虽然可以参加较高水平的比赛，但仍然有很大的提升空间。高水平运动员参加全国或国际级别的比赛，其胜负差距只在毫厘之间或百分之一秒。高水平运动员已接近其生理极限。因此，他们的潜在进步空间很小。他们训练计划的细节必须精确。在对运动员进行分类时，训练年限（参加运动训练的年数）往往比实际年龄更有意义。通过使用和控制关键训练变量，所有的运动员都可以通过其训练方案取得成功，并在比赛中发挥出最佳水平。

通过周期化可以在训练计划最大化CO-FIVR-P关键变量的作用，其中主要涉及选择、频次、强度、训练量和休息的逐年变化，为最重要的比赛以最高水平实现。这种有计划的变化主要与进度相关，并将年度训练计划分为多个阶段，运动员参加训练，以达到每个阶段的具体目标。周期训练计划的所有阶段一起构成可能为期一年的大周期。每个阶段本身构成一个小周期，其持续时间可能是数周或数月，具体取决于运动员和教练所设定的目标。小周期可以被进一步划分为更小的阶段，我们称之为微周期，这一般大约是一周的训练期，具体取决于运动员准备参加的赛事类型。微周期就像拼图块，每一个微周期对于完成训练计划的整体目标都是必需的。

在一个线性的周期计划中，要在每个阶段中控制调整训练量和强度，以形成减少训练量和增加强度的趋势（Bradley-Popovich 2001；Graham 2002）。训练课的强度从易到难变化。每次训练课都有不同的训练量和强度。若关键变量没有变化，运动员就可能会有过度训练的风险，或者没有为在比赛时发挥出最佳水平做好准备。

周期化应该适用于所有水平的运动员，但是计划的执行将因人而异。重要的是，要对每个运动员的需求进行单独的评估和监控，才可以设计出合适的方案。表1.1是一名高水平运动员的线性周期化计划的微周期示例。采用增加强度和减少训练量的趋势，并在频次和休息时间方面有所变化。应根据运动员的需求选择练习，并且要从一般过渡到专项。

表1.1　　　　　　　　为高级运动员进行FIVR控制调整的微周期示范

周	频次	距离	强度（%）	组数	重复次数	训练量*	休息
1	2	10码	60	6	12	72	30秒
2	2	10码	75	5	10	50	30秒
3	3	20码	80	4	10	40	45秒
4	3	20码	70	5	10	50	45秒
5	2	10码	80	4	8	32	60秒
6	3	20码	85	3	8	24	60秒
7	4	30码	90	3	6	18	90秒
8	2	40码	80	3	8	24	90秒

*组数×重复次数，得到训练量。1码=0.914米。

预防损伤和保证安全

每节练习课前应进行适当的准备活动。准备活动流程以低强度的全身活动开始，如慢跑。这将提高心率和促进肌肉的血流量，从而让运动员为即将执行的更高强度的锻炼做好准备。在这种一般的热身后，应该安排专项热身，以低强度执行训练课中的一些练习（Abad 等，2011）。

男女运动员的肌肉结构相似，因此可遵循相同的训练计划。但是，不同性别之间也存在一些差异。男运动员有更大的绝对力量，因此能够产生更大的爆发力。爆发力有助于SSC的利用率，并且可以提高速度、灵敏性和反应训练的成绩。女运动员产生较小的爆发力和存在较大的损伤风险，这往往可以用神经系统因素来解释。但是，在设计计划时，性别并不是一个主要因素。相反，重点应放在训练年限、运动专项和运动员的能力上。

女运动员的成绩会受到女运动员三联症（Female athlete triad）的影响。低能量可能与饮食功能失调症、月经紊乱以及低骨质密度相关联。瘦体重对于某些运动项目非常关键，三联症在参加此类运动的女性中相当常见（Nazem 和 Ackerman，2012）。了解这些问题的严重性，并识别其症状，这是很重要的。

青少年运动员所遵循的周期计划应与成年男性和女性的周期化计划相似。需求评估是至关重要的，因为它将确定青少年运动员是否已经掌握了基本的动作模式。在训练计划进阶到更高强度的专项练习之前，夯实运动技能的基础至关重要。一个周期计划应以运动员的需求和不足为依据，而不是其实际年龄。

预防损伤是任何训练计划的重要组成部分。在开始速度、灵敏性和反应训练时，每一位运动员都要系统并循序渐进的进阶训练，这是至关重要的在初次引入速度灵敏性和反应训练时，正确的设计针对增强膝关节、髋关节、背部和踝关节的力量训练计划，将会减少损伤的风险训练应该从简单的动作进展到复杂的运动，从低强度到高强度，从一般到专项动作模式。此外，在设计速度、灵敏性和反应训练的时候，应始终考虑如频次、强度、训练量、身体结构、专项特殊性、训练年限和周期训练安排等因素。

下面是给运动员的几个建议，有助于预防损伤。

- 遵循适当的练习进展，并穿着合适的衣服和鞋子。
- 在学习和掌握本书中的速度、灵敏性和反应训练时，要观察安全程序。
- 在使用器械前，应确保所有器械都处于正常工作状态。
- 如果在户外练习，要确保该区域没有任何危险物体，如石头或树木。
- 在开始尝试完成新的练习之前，务必要完全理解该练习。

当运动员初次尝试一个新练习时，他们通常会有肌肉酸痛感。这种酸痛，称为延迟性肌肉酸痛（DOMS），通常在练习后24小时发生，在48 ~ 72小时内感觉最明显（Dierking 和 Bemben 1998）。练习的离心部分是导致DOMS产生的主要原因，而流行的解释是轻微的肌肉撕裂。减少DOMS的唯一方法就是适应练习的负荷。这需要在数周内重复练习，在训练课之间充分地休息。由于所有的速度、灵敏性和反应训练都包括利用SSC原理的离心练习，建议新人每周不超过两次训练课，并且隔两三天一次（Parsons和Jones，1998）。有经验的运动员和高水平运动员可以根据其训练阶段每周练习三到四次。

综上所述，速度、灵敏性和反应训练是需要力量基础的高强度练习。运动员在适应指定的练习之前，可能会有轻微的肌肉酸痛。不考虑性别和年龄，都应该慢慢引入这些练习，然后再进阶到更高强度和更复杂的练习。在下面的章节中，我们介绍速度、灵敏性和反应训练的各种练习，并介绍如何将它们整合到完整的训练计划中。

第2章

运动员评估

洛根·K. 施瓦茨（Logan K Schwartz）和万斯·A. 费里格诺（Vance A Ferrigno）

为了确定训练习方案是否真正能够帮助运动员实现目标，对运动员进行测试和重测，这应该是完整训练过程中的一个组成部分（Gambetta 1998）。初次测试是为了确定运动员在速度、灵敏性和反应方面的基准。如果不知道运动员在开始时的水平，就很难知道运动员是否有进步。在初次测试后，随后应该定期进行测试，以确保运动员取得进步。

在本书以前版本中，关于测试运动员功能性力量的这一节内容以传统的评估模式为基础：基础力量、反应能力和力量不足。在第三版中，我们采取一种新的方法来评估运动员，完全以其速度、灵敏性和反应基线为依据。这种简单而有效的方法，正好利用到运动员在训练中所使用的练习。本书中有200多个练习，每一个练习都可以用作一个评估工具。运动能力以动作的对称性和流畅性为基础。所有顶尖运动员都能够以同等的流畅性优雅地向各个方向移动。他们使得不同技巧之间的过渡看似毫不费力。

高效的动作是运动成绩的基础。简单而言，一个人的移动越高效，其成绩就越好。高效的动作是通过速度、灵敏性和反应来体现的。人体运动是复杂的、动态的、个性化、可变的。并且，在最高运动表现层面上，是在下意识层面完成的（Gray，2006b）。

评估运动员

很多教员和教练面对的一个问题是，如何有效地评估人体运动。为了真实地评估移动，我们必须了解训练的一个主要原则："测试是练习，练习是测试"（Gray，2004）。在训练中的特异性则指出，身体会适应施加的刺激。因此，如果一个运动员希望提高一项特定的技能、动作或练习，她必须在训练中执行该练习，并且对该练习进行多种变化或调整。因为人体结构和人体运动的复杂性，为了达到期望的结果，特异性在训练中非常重要。这一理念的另一层意义是：如果测试是练习，那么，如果练习被适当调整（复杂的变化），它将为获得更好的结果提供最好的机会（Gray，2006b）。

本书中介绍的动作评估为教练提供了一种评价运动员的基础移动能力的示例。教练可以根据他自己和每个运动员的个人情况调整训练（见表2.1）。总之，本书中介绍的任何练习也可以用于评估或测试教练认为运动员需要提高的任何训练参数。

表2.1　　　　　　　　　　　　训练调整和变量

调整	变量
距离	缩短 拉长
负荷	负重背心 弹性绳索 自由重量 负重滑橇
方向	更改练习的主导运动平面 反转动作的顺序 更改练习的角度
速度	半速 四分之三的速度 全速
持续时间	增加重复次数或组数 减少重复次数或组数
多任务	在执行训练时增加任务（例如，接球和投球） 对口哨声做出反应
环境	更改执行训练的地面（例如，从草地到体育馆的地板） 更改地面的水平（例如，上坡、下坡、山坡）
角度或平面的变化	更改执行训练的角度和平面
运动员反馈	许多运动员凭直觉知道自己缺乏什么；其反馈对于做出适当的调整和进步是至关重要的

为了选择合适的练习，教练必须首先评估这项运动对运动员的需求，并发展或选择那些要求模拟的练习。在选择了练习后，可以通过随后的重复测试来监测运动员在训练方案中的功能性进展。以这种方式，就可以对运动员的需求进行评估，然后重新选择或进展到更复杂的练习（Brown等，2008）。任何训练方案的目标都应完全以运动员的需求和专项运动的要求为基础。

运动员轻松的以强有力方式移动，并能适应完成其专项任务任何需求。首先需要评估动作质量，对于低效的动作模式则不使用训练负荷，避免导致动作更加低效，更糟的是导致受伤。

针对给定的训练质量选择好练习之后，就可以给运动员一定的时间去达到该特定练习的基础水平。在训练过程中，使用一个或多个在表2.1中列出的变量重复相同的训练，或本书中某些练习的复杂变化。这将产生新的刺激让运动员去适应，使其可以提高在给定练习中的表现。每四到六周重新测试一次原始练习，让教练和运动员看到相对于基线水平的提高。

任何动作评估的主要目的都是确定运动员个人的成功需具备的能力。一旦确定这些能力，教练就可以去想办法提高它们，培养更全面的运动员。每个动作并没有所谓的标准执行方式，每个人都会因为自己独特的身体结构而以不同的方式去完成，但所有高效的人体运动都有共同的特征。教练不应该过分执着于评估动作的细节，而应该更加全面地进行评估，寻找高效、流畅、从容的动作。这样做会更容易识别出运动员具体所需要的训练调整，以促进所期望的结果。

例如，运动员A以不协调的方式完成某个练习，将自己绊倒或无法在动作过程中表现出优美的姿态，而运动员B看起来则很舒服协调地完成练习。但是，运动员B的减速和加速做得不好。对于运动员A，正确的调整可能是在训练中放慢速度，让他以慢很多的速度学习这个练习的要领。等他的身体适应后，可以逐步增加速度。不同的是运动员B可能会受益于使用负重背心、弹性绳索或其他器械，这可以发展与该训练相关的功能性力量和爆发力。这种调整让运动员B能够在训练过程中逐步发展更快地减速的能力，并且在加速时有更强的爆发力。

像这样的调整是复杂的变化，可以实现对练习的特定适应。本书中涉及的复杂变化只是冰山一角，在实际执行中还有很多可能性。运用自己想象力，并记住运动员应始终遵循从易到难，并从简单到复杂的进阶（Gambetta 1998）。

确保有效性和可靠性（效度和信度）

只有当测试真正衡量它应该衡量的指标时，测试结果才是有用的。这就是所谓的有效性。为了可用于之后的测试，它们必须是可重复的。这被称为可靠性（Harman 2008）。为了让测试有效、可靠，测试人员必须确保在各次测试中环境尽可能保持一致。因为这些测试的测量时间单位是秒，而不是分，所以测试必须具有足够的灵敏度和可靠性，以提供所需的数据。这意味着地面、鞋、草皮条件和环境条件（例如，热、风）都必须加以控制，以确保准确测量运动员的体能状况是否改善，或在所评估的动作中是否有所提高。如果第一次测试在干燥的场地上进行，但8周后在露水浸湿的场地上重复，则测试将是无效或不可靠的。

可靠的测试过程如下。

测试环境

首先，运动员的安全是首要关注事项。确保测试区域是安全的，没有任何洞口、喷头，或可能导致运动员绊倒、滑倒或扭伤脚踝的其他任何东西。确保每次测试的环境条件（例如，温度、湿度）尽可能相似。对于室外运动，炎热、潮湿的天气与凉爽的阴天会产生不同的结果，代谢测试尤其如此。这对于室内运动则问题不大，因为室内的环境比室外更容易控制。

运动员疲劳程度

在训练期间，运动员会产生一定程度的疲劳。在训练和测试之间提供一天休息，让他们能够尽全力，这将有助于测试的有效性和可靠性。另外，确保他们已进食，并且已适当补充水分。提前沟通测试日期，没有理由不让运动员休息、进食和补充水分。

记录表单

在测试前应该制订表单，让测试人员可以方便、高效地记录所需要的数据，不会出错。运动员尽全力投入到测试中，而测试人员却无法正常记录成绩，没有什么比这更糟的了。

测试顺序

应该先进行爆发力型的测试，或更复杂的测试，然后再进行更让人疲劳的测试，如无氧耐力训练。否则，爆发力型测试结果将会受到影响，并且是无效的。

运动员指令

指令应清晰，易于理解。否则，运动员将关注正确完成测试，而不是发挥出最好的成绩（Gambetta 1998）。此外，在每次测试中鼓励运动员的任何口头提示都要标准化（Brown等，2008）。

器械

保持使用最少量的测试器械，并准确记录使用了什么器械。另外，每个运动员在测试时都应穿着比赛时穿的鞋子。

测试方案

在每次测试中允许相同数量的测验，如果执行测试组合，在两次测试之间和在两次测验之间应保持相同的休息间隔。

室外或室内场地的测量

在标志出测试区域（例如，用标志桶）的时候，要使用测量设备来确保精确的距离。用脚步来量地是不准确的，最终的结果无效且不可靠的。

虽然本书中的大部分练习都可用于测试，但我们推荐以下测试为初始测试。

速度测试

10码冲刺（第51页）

30码快速启动（第69页）

灵敏性

30码T形训练（第89页）

F形移动（第129页）

提高灵敏性（第86页）

反应测试

踝关节跳跃训练（第199页）

我们来看看一个使用30码T形训练进行评估的例子。测试人员首先应当向运动员准确解释定于当天进行的测试的过程。接收指令后，运动员开始热身。必须记录热身的细节，以便在下一次测试课中使用相同的过程。测试人员还必须准确地记录环境因素、所用器械、运动员的积极程度、鞋以及测试中涉及的其他因素的详细信息。

运动员进行三次30码T线路测验，两次测验之间休息2 ~ 3分钟。记录所有三次测验以及两次测验之间的准确休息时间。用时最短的成绩成为运动员在这个练习基准水平。教练员们在测试中应该始终鼓励其运动员。对于还没有参加全国比赛的小运动员，我们不鼓励使用比较标准。这些标准往往会让一些努力训练的人感到泄气，因为标准的统计数据来自比他们的运动天赋更高的人群。随着运动员的成长，鼓励他们参加更高水平的竞赛，并且可以使用标准来设定目标。

现在，这个训练的测试结果已记录在案，教练或运动员可以在训练中每次调整一个训练参数。这一个星期，可以将标志桶散开，增加标志桶之间的距离；下一个星期，减少标志桶之间的距离。这一个星期，使用弹性绳索增加侧面的阻力；下一个星期，使用弹性绳索增加向前或向后阻力。这一个星期，向后转肩绕过标志桶，下一个星期，使用直线。将各种变化混合起来使用，以提供多样性。运动员在8周后再测试，会有更快的成绩。这会鼓励并调动他们进入训练的下一阶段。

任何训练方案的目标是产生真实结果或可以直接转化为对比赛的适应。运动员的评估和测试对于确定其在训练方案中的进度至关重要。因为执行竞技运动的人体有着令人惊讶的复杂性，必须慎重选择评估技术和方案，以确保测试对于运动员实现目标是可靠的。初始基准测试需要复制在运动员的训练方案中正在执行的训练，从而在测试中反映出训练调整的特异性。使用在表2.1中列出的变量可以调整这些评估技术，训练与同一练习有关的其他运动素质。由于训练的特异性原则，无论什么时候再测试，运动员都可以为成功做好准备。

第3章

心智技能训练的融合

崔西·A. 斯塔特勒（Traci A Statler）

速度、灵敏性和反应训练结合传统的阻力和耐力训练，已成为针对各个专项训练运动员的一种流行方式。这种类型的训练旨在提高运动员在其运动专项的高速移动过程中产生最大力量的能力，也是训练心智技能的主要环境，而心智技能正是理想的运动成绩所需要的。由于在速度、灵敏性和反应训练之前，已经建立了力量训练的基础，这保证了运动员已经熟悉传统的训练环境，并且希望获得成功。该基础（对环境更深入地了解和熟悉）设定好初步条件，有助于在这种训练环境中练习提高心智技能。

在现实中，很多运动员在训练场上已经拥有扎实的心智技能，但他们往往对如何提高这些技能，甚至如何最大程度地利用它们来帮助获得优异的成绩知之甚少。本章介绍一个模型，它将心智技能训练融合到运动员的训练方案中，从而提供一个结构，不仅有助于理解各心智技能本身的相互关系，还有助于理解心智技能与在力量房和练习场地上发展的体能、技术及战术技能之间的关系。但是请注意，只有理解、练习这些技能，并将之应用到训练环境中，这些技能才会真正有效。像本书中所描述的体能、技术和战术技能那样，我们也需要学习、练习心智技能，将其融入到运动表现中，并评估其效果。当本章中的技能可以无缝融合到整体运动表现中去应用的时候，它们才是最有效的。

设计心理训练方案

由于各种各样的原因，心智技能与现有的体能训练方案的有目的的结构性整合一直极少。不知感到没有时间专注于此，认为心智技能是个性特点，而不是可训练的部分，还是感觉不具备足够的知识去训练这些。现实情况是，体能教练及专项教练们处在帮助其运动员提高和培养这些能力的理想环境中。心理和身体技能的教学和练习可以采用类似的方式，并且无需进行太多的调整即可整合到现有的训练方案中。教练员和运动员已经知道，如果遵循基本的原理，力量、速度、反应、灵敏性和耐力都是可以发展提高的。如果随着时间的推移，身体逐步对负荷产生适应，能力逐步得到提高。这同样适用于心智技能。介绍这些技能，并在实践环境中练习它们。最终，它们会成为运动员的自动响应模式的一部分（Gould 和 Eklund，2007）。正如学习任何新事物一样，无论是心理、身体、技术还是战术，有效的心智技能培养都会经过四个不同的阶段。

1. 评估目前的技能水平。
2. 教育要学习的新技术。
3. 掌握新技能并运用它。
4. 融合到自动响应中。

评估

第一阶段，评估，首先评估训练环境、训练目标以及训练的对象。有效的速度和灵敏性训练具体需要哪些心智技能？如果教练需要根据环境的具体情况确定优先顺序，他将侧重于哪些技能，哪些技能会被淘汰？提高运动员的成绩需要哪些核心内容？此外，在这个阶段，教练要检查运动员目前的能力水平。他目前有哪些优点和不足？一旦教练知道了这些问题的答案，他就可以决定要把重点放在哪些心智技能上。

可以使用一些工具来评估运动员的现有优点和不足，包括由运动员或教练各自或一起进行简单的自我评价，也可以使用心智技能方面的心理测试来确定运动员擅长哪些认知能力，哪些需要提高。为了确定运动员的起点，运动员或教练可以应用一种免费的简单测试，即，心理执行分析（Butler 和 Hardy 1992）。该工具可以用于显示心智技能的当前水平和理想水平之间的差异，从而展现出教练员和运动员的感知差异，也可以用于比较运动员的当前进度和目标进度。

图 3.1 的心智技能的心理表现量表，可以有效地生成对运动员的当前心理熟练度和潜在不足认识。它让我们了解运动员在备战比赛时自己的感受。答案没有对错，分析注重的是运动员自己意识到哪些因素对于有效的执行是重要的。而且，自我基准评价往往可以提高对干预方案的遵循。

分析结果给必要的心智技能技术提供了快捷的参考，展现出运动员拥有的专长（可以增强信心和投入），以及他应该把精力放在哪些方面，以提高心理技能。

教育

一旦教练已经确定要针对运动员的哪些技能，下一步就是教育，包括制订策略，将这些技能整合到现有训练计划中，并将技能真正教给运动员。这一阶段的目标是，帮助运动员认识学习这些心智技能的重要性，并帮助他们理解这些技能在实践中如何影响运动表现。本章大部分内容是向体能教练提供这方面的建议。

图3.1 心智技能心理表现量表

执行分析这个工具经常用于阐明执行人对自己的执行准备的感受。答案没有对错。为自己创建一个执行分析，可以有助于更加了解自己的执行准备，并有助于引导训练重点。

1. 在您的运动项目和位置的精英表现中有哪些基本心理素质？换句话说，在您的运动项目中的精英运动员有哪些心理素质或特点？列出您能想到的尽可能多的这些素质。

2. 考虑到自己的个人执行风格，圈出您认为对于自己的有效执行最重要的10种素质。

3. 创建自己的分析。

　　a. 在网格最外层的环中写下先前确定的10个特征。

　　b. 针对这10个特征，逐一评价自己目前的技能水平（分数从1到10）。

　　c. 对于每一个心理技能扇形，填入上面步骤b中的分数。填入上面步骤b中的分数，1在中心环，10在最外层的环。

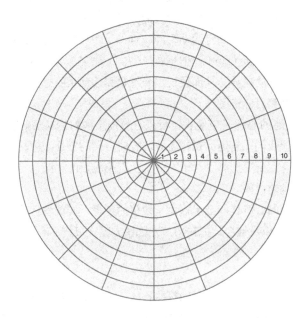

4. 您也可以选择让自己的教练针对每个确定的技能为您的掌握程度进行评分，在扇形中涂上不同的颜色，以方便看到差异。

摘自李·布朗（L. Brown）和V. 费里格诺（V. Ferrigno），2015，速度、灵敏性和反应训练，第3版（伊利诺伊州香槟市：Human Kinetics）。节选自R. J. 巴特勒（R. J. Butler）和L.哈迪（L. Hardy），1992，"执行分析：理论与应用"，运动心理学家6（3）：253-264。

掌握和运用

下一个阶段是掌握和运用，包括理解所介绍的心智技能，然后确定个性化这些技能的方式，以满足运动员的成绩目标。在本章中有许多工作表、调查问卷和检查清单，有助于个人接受心智技能，并提供在运用这些技能的过程中监控和评估进展的工具。

整合

最后一个阶段是整合，这是心智技能训练方案的最终目标。运动员在这个阶段中自动调整和修正，利用其新培养的心智技能，最大限度地发挥其整体执行效果。

使用认知表现金字塔

在现实中，运动员可能会在心智技能执行分析中将多个心理技能确定为影响其专项领域的整体成绩的必要心理技能。然而，为了在速度、灵敏性和反应训练中提高成绩，运动员和教练员首先应该专注于发展一些特定的技能。这些技能简称为四个C，形成心理技能发展的递阶层次模型，这将有助于完善运动员的训练方案（见图3.2）。

该模型首先以投入（commitment）作为其基础。投入的意思是自己献身于一项事业，或对自己做出承诺。这个元素中的思路是动机。因为，如果没有动机，一个人是不可能投入到行动中的。金字塔的下一个层次是信心（confidence），即相信自己，相信自己能够完成为自己设定的任务。一旦运动员形成投入和信心的基础，就需要学习有效的专注（concentration）技能。在速度、灵敏性和反应训练中，如果运动员要从中获得最大的效果，达到并保持适当的专注度是必要的。最后，为了在整个训练周期中保持一致性，运动员需要培养冷静（composure），即在执行中保持自我控制的能力。掌握了以后，这个基本心理技能层次为进一步培训心理技能奠定了基础，并能促进最终意志品质的发展。

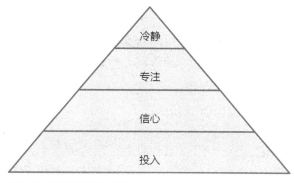

图3.2 认知表现金字塔。

投入

力量和体能教练往往不知道为什么有些运动员每一天都非常投入自己的训练，参加训练时都充满动力，不断追求成功。而其他人似乎只是走走过场，很少有自我引导，并且不怎么努力。"投入"这个元素对于教练是具有挑战性的，主要因为它对于成功的表现至关重要，但教练对这一点并没有什么办法。运动员的投入水平完全是由他自己控制的。其他人可以帮助推动它，但它最终是由运动员自己控制的。

"投入"这个元素是与动机相关联的。动机是发起、指导，并维持一个人行为的内部条件。如果运动员非常投入其体能训练，因为他知道这将有助于提高他的整体运动表现，在训练课中他会受到激励。如果他不够投入，动机就会很低。运动员若讨厌艰苦的速度训练所产生的疲劳，就可能会在训练中开始懈怠，动机水平降低，或者选择完全逃避那些训练课。不同的强度水平通常可以用来作为运动员投入水平的外在指标。高度投入训练的那些运动员会选择积极参与，充分利用每一次训练，并对自己参与活动的结果感到自豪。

让运动员认识到，他们（并且只有他们）可以控制自己的投入程度，这是有效的力量和体能训练所必需的第一步。教练员可以通过与运动员谈谈他们进行速度、灵敏性和反应训练的初衷，帮助运动员认识到这一点。要求他们确定其运动项目中需要哪些身体技能，这将帮助他们实现自己的投入水平。当他们说出速度、灵敏性和反应时，教练就可以解释训练计划将如何帮助他们实现这个目标。这将让运动员思考自己对这种训练的投入程度和动机水平。下面的问答练习可以是一个很好的起点。教练员可以提出以下问题。

1. 您对自己在这项运动中的能力有什么看法？您的目标是什么？理想是什么？

2. 您需要怎么做才会有那种感觉？什么行动、行为和信念会产生那些结果？

3. 您准备如何对待自己在前面的问题中确定的答案？您有什么个人计划来产生自己想拥有的感觉？

4. 当目标变得富有挑战性时，您会使用什么策略？有什么计划克服预期的和无法预料的困难？

这些问题迫使运动员去思考他们为什么要做这个训练，他们希望从中收获些什么，他们愿意接受什么来使成为现实，以及当在成功的路上遇到困难时，他们打算怎样做。若这是自发成的，而不是强加的，就会产生对该训练的主人翁意识，而这种主人翁意识可以提升个人的投入程度。

信心

我们的思想会影响我们的感受，而我们的感受又会影响我们的行为。如果我们带着自信的想法，这些想法会产生兴奋感和决心。兴奋感促使我们接受挑战，推动自己，从而提高对目标的投入程度。这些都是成功的身体训练的必要元素，对速度、灵敏性和反应训练尤其如此。因为这种类型的训练特征往往会让运动员接触到一个具有挑战性的新环境。不熟悉可能会导致忧虑和担心，这反过来又会降低运动员原有的信心水平。

信心是指在任何情况下都相信自己的能力大于或等于规定要求。它是一个人可以成功地实现自己目标的信念或信心。由于其广泛的影响，信心在任何领域中都是有效执行的关键。它有助于调节焦虑水平，促进有效的注意，提高整体努力和投入程度，激励推动超越我们的感知局限并在总体上让我们感觉良好。

当接触到新的训练方法时，很多运动员会信心动摇。在新的训练周期开始时，运动员似乎会犹豫或不情愿，选择要恢复那些自己比较熟悉的方法。这往往是在这个新方法中感到自己能力不足的直接结果。运动员可能不希望让自己暴露其不足，甚至可能被认为技术不够熟练的情况。相反，她选择继续做她以前做的事情。可以在执行者接受或拒绝某些活动的意愿和选择中看到这个元素。信心是执行者选择的关键传递元素。运动员的意愿范围从固执的"我不干"一路上升到兴奋的"我将努力去做"（Vernacchia、McGuire 和 Cook 1996）（见图 3.3）。信心本身让这些意愿朝着这个范围的积极面移动。

| 我不愿意 | 我不能 | 我想 | 我会试试 | 我可以 | 我努力…… |

图 3.3　意愿范围

在新的领域提高运动员的信心让他们愿意尝试，并最终增强他们努力投入新的训练模式的动力，产生信心的方法包括，创造环境让运动员可以体验到成功，强调成功过程以及成果，并强调如何将有效的准备和训练转化为更大的成功可能性。

对于训练团队或小组的教练来说，有一个很好的练习可用于增强训练的信心，就是对团队训练的肯定。对个人进行训练的教练可以训练、指导小组中的其他成员，以及医务人员作为团队成员。为了执行这个活动，在页面的左侧列出所有团队成员的姓名。然后，复制该页，并分发给每个团队成员。每个团队成员写下所在的每个队友身上看到的一个训练优点。这些可以是在训练环境中的心理、身体、技术和战术技能方面的优势。在所有队友都写下了肯定的语句后，为运动员个人列出一份全部评论的清单，为每个人集中所有相关的肯定加意见。

当运动员接触新的训练方式时，他们很容易过度关注那些他们表现不佳的元素，并且对其过于挑剔。有许多技术方面的新指令和调整，目的都是提高运动员在这些新训练中的能力，但其结果有时会是难以识别在哪些方面做得好。这种肯定活动可以将运动员的关注点重新引导到他真正做得好的方面，在不熟悉的时候，这往往是必要的信心提升方法。即使遇到暂时的挫折，重拾信心的感觉进一步挑战运动员去继续拼搏。这种坚持对于成绩（例如速度、灵敏性和反应）的长期提高非常关键。

专注

专注是指能够在特定情况下随时对适当的提示保持明确的注意力，控制对这些提示的响应，以执行某项技能。它是指运动员在任何给定情况下在最重要的方面有意识发挥出精神力量的能力（Moran 2011）。当执行新的速度和灵敏性训练程序时，很多运动员需要提高自身的精神集中的能力和再集中的能力（即使他们以前已学习过这些技能），因为这些练习会产生许多干扰。许多活动安排在户外，由多个团队成员同时执行，并要求运动员遵循安全性和有效性的具体说明，这些都是可能会对运动员专注度造成压力的方面。在这些环境中，运动员需要有选择地注意相关的信息，忽略潜在的干扰，并协调若干个同时进行的动作。

干扰对于强调移动速度的训练尤为不利，因为相比于其他力量或耐力活动，速度和灵敏性训练更加需要感官反馈的自动处理。这种自动处理是需要时间和练习来产生的。有限的认知处理会产生较慢的运动模式，通常见于新手，这是由于执行者要通过大脑产生指令。在学习新技能的这个阶段中，运动员还没有形成动作自动化，此时干扰造成的损害特别大，因为运动员会无法跟踪他们的认知指令，从而影响活动的完成。一旦运动员实现其技术技能的自动化，他们往往可将多出来的心理能量投入到其他的并发任务，如果运动员没有经过如何妥善处理并发任务的训练，并发任务也可能会造成注意力更加涣散（Moran 2011）。

精神集中需要有意识的精神上的努力和意向性。在力量和体能训练中，特别是在速度和灵敏性训练中，多种因素可导致失去应有的专注度。这包括对自己有效执行训练的能力感到焦虑或不确定，因之前的训练感到疲倦，或因当天的活动造成积累的疲劳，积极性不足，或者就是分心（想着其他的东西）。此外，在训练中导致精神不够集中的常见原因是，在执行练习的过程中对人体力学的过度分析。大体上来说，过分重视运动感觉有时可能会干扰对整体运动动作的适当专注。

有一种简单的方法可以概念化运动员的注意能力，就是使用在力量和健身房中已熟悉的那些术语。专注能力可分为三类（USOC 2002）。

1. 专注的力量：运动员能否将自己的注意力引导到正确的地方，保持在那里，并屏蔽潜在的干扰？

2. 专注的柔韧性：在执行过程中，运动员能否快速准确地按需要转移其注意力？当注意力分散时，他是否会注意到，并根据需要重新引导注意力？

3. 专注的耐力：运动员能否在整个训练过程中保持专注，甚至在疲劳或训练课最后的阶段也能保持？

有些活动可以帮助运动员更好地确定适当的关注点，并管理执行环境中的干扰因素，提高其专注的力量、柔韧性和耐力。首先是一个简单的计划，增加对干扰本质的认识以及出现干扰的时间。在指定的训练课中，每名运动员携带一张 7.6 厘米乘 12.7 厘米的索引卡和一支铅笔。在这堂训练课中，每当运动员觉得有干扰时，就写下干扰因素——外部因素（如其他队友、观看训练的教练、在环境中的事物）或内部因素（例如，想着其他的事情、分心的自我对话）。在当天的练习结束时，教练员评估该组的常见干扰因素类型。如果有需要，可以更进一步，创建一个团队调整图表（USOC 2002）（见表3.1），增加处理这些干扰因素的应对计划。

表3.1　　　　　　　　　　　　　　　　调整图表

干扰因素	尽量减少负面影响的应对方法	自我对话提示
教练负面评论	深呼吸和正面的肯定	"我能做到。保持专注！"
自我怀疑	正面的现实肯定	"这是一项新技能。我正在学习它！"
疲劳	深呼吸和激励提示	"如果我不觉得累，我就不会变得更好！"

经许可，改编自美国奥委会，2002年，《美国奥委会的教练指导：运动心理学训练手册（*U.S. Olympic Committee coaches guide: Sport psychology training manual*）》（Colorado Springs，CO:USOC Coaching and Sport Sciences）。

还有一个很好的活动可用于定位合适的关注点，我们可以将它整合到运动员的现有训练方案中："描述"练习（USOC 2002）。当教练看到运动员正确执行的速度、灵敏性和反应训练时，他要求运动员停止练习并用她自己的话描述在那个特定的时刻对动作的感觉。教练与运动员一起研究出可以代表这种感觉的提示用语。这些可以整合到运动员的自我对话中，提醒她要努力完成的任务，教练员在运动员下一次进行该训练时，在与运动员的沟通中也可以使用这些提示用语。该活动还有其他好处，即增强信心并提高运动员的投入程度，因为它"记录"运动员做对了，这往往会使他们更兴奋地重复活动。

为了产生专注的耐力，教练员可以挑战其运动员在指定时间段内"锁定"其专注。从小处着手，首先挑战在30秒至1分钟的较短时间跨度内完成的练习中始终保持正确的专注点。在每组训练结束时，教练花一些时间去评估运动员成功保持专注的能力。通过时间稍长一点的练习重复该活动。由于这一活动是与现有的训练方案同时进行的，它只需在整体日常训练计划中增加几分钟（用于简短的总结）。

对任何活动都要认识、实践并不断保持合适的专注点，这需要努力和目的性。在高压环境中保持专注的能力对于发挥出最佳水平是至关重要的。运动员不能总是排除杂念，但他们能够控制自己选择把注意力放在哪里。

冷静

认知表现金字塔的最后一个元素是冷静。或者说，在任何执行环境下保持自我控制和管理情绪的能力。在力量和体能训练时，以及在其他执行环境中，疲劳、缺乏经验和沮丧都可能导致无法保持冷静。运动员为了有效地执行，需要学习如何最好地管理自己的心理和身体的能量水平。由于担心、愤怒、沮丧或焦虑而消耗能量的运动员更有可能分心，降低自信心，并且在他们真正需要执行时，他们的能量也会减少。

我们通过情绪来产生、保持、消耗和恢复心理能量。情绪是具有激励行为的身体和心理表现。这些影响能量的情绪对人体表现所产生的影响是有益还是有害，往往取决于如何解释它们。情绪对表现可以是有益的，让我们兴奋，让我们感到非常积极，提升我们的自信心，并增强我们的投入水平。然而，情绪也可能是有害的，情绪过多或过少（一个人的情绪过于"高涨"或过于"平静"），或者我们无法控制情绪，在执行环境中不再有效地工作（例如，运动员无法控制自己的愤怒或沮丧）。不适当的能量水平可导致不冷静。

力量和体能或专项教练处在帮助运动员培养其冷静沉着的技能的理想位置。训练环境提供多种不熟悉的新体验，这可能导致焦虑。这也创造了大量评估有效性的机会，并且可能产生沮丧和忧虑。通过用思想工具武装运动员，抵御不当的思想，增强信心，加强动力和投入程度，教练提供了许多必要的技能让运动员保持冷静。

任何冷静练习的目标都是帮助运动员在压力下保持清晰的思路，并做出相应的反应（TCUP+RA）。第一步是，辨别出正在消耗能量的不适当想法和感受，然后做一些事情恢复适当的专注点。图3.4中的能量意识工作表（USOC 2002）是一个有效的工具，帮助运动员认识到什么东西会让其心理和情感的电池放电和充电。

每个人都有一个理想的能量或激活水平，因此每个运动员都需要明确哪种方法的效果最好。在意识到自己的激活水平时，执行者可以采取措施来提高、降低，或者维持其现有的能量。一旦运动员意识到自己情绪过于"高涨"，需要冷静下来，或意识到自己太"平静"，需要激励自己。下一步就是提出一个计划。在工作表上的最后两个问题探讨了这个想法。在过去，有什么方法对该运动员有效？他已经熟悉了哪些技巧？运动员为这两个问题提供的答案是一个很好的起点，可用于为处理冷静的问题制订行动计划。

如果运动员先前没有学习过用于管理能量水平的技巧，就会有许多可能的选择。运动员可以尝试遵循以下几个策略来升降能量水平，以实现有效的执行（USOC 2002）。

- 如果运动员过于兴奋，需要冷静下来，以下一些技巧可能会有帮助。
  - 放慢呼吸（腹式呼吸）。
  - 让自己离开其他人（个人静一静）。
  - 让自己离开混乱的环境。
  - 听听平静的音乐。
  - 选择一个关注点，并保持对这一点的专注。
  - 使用平静的自我对话。

图3.4　能量意识工作表

思考心理和身体能量水平对您在练习、训练和比赛中有效执行的能力有何影响。

1. 列出在训练、练习或比赛中往往会耗尽您的身体和情绪"电池"的三件事情（让您感到筋疲力尽、疲劳或没有激情的事情）。

  a.

  b.

  c.

2. 列出在训练、练习或比赛中往往会为您的身体和情绪"电池"充电的三件事情（让您觉得鼓足劲、精力充沛，或精神上做好了准备的事情）。

  a.

  b.

  c.

3. 您在前面两个问题中所列出的元素中，您可以控制哪些元素？

4. 哪些完全超出您的控制范围？

5. 当您的电池需要充电（提高执行的能量水平）时，哪些技巧对您有效？

6. 当您需要故意放电（降低唤醒水平），以最佳状态执行的时候，哪些技巧对您有效？

摘自李·布朗（L. Brown）和V.费里格诺（V. Ferrigno），2015，速度、灵敏性和反应训练，第3版（伊利诺伊州香槟市：Human Kinetics）。经许可，改编自美国奥委会，2002年，《美国奥委会的教练指导：运动心理学训练手册（*U.S. Olympic Committee coaches guide: Sport psychology training manual*）》（Colorado Springs，CO:USOC Coaching and Sport Sciences）。

- 如果运动员过于平静，需要情绪高涨一点，下面的一些提示可能有帮助。
    - 提高呼吸频率。
    - 让身体得到激活。
    - 让自己置身于高能量的人群中。
    - 让自己置身于高能量环境中。
    - 使用激励性的自我对话。

找到并保持适当的能量水平是非常必要的，不仅可以最大限度地提高能量使用水平，也因为它可以影响本章中介绍的所有其他概念。例如，当能量水平增加至超过期望的水平时，专注的能力会适当降低。此外，随着焦虑、沮丧或愤怒的增加，运动员会丧失有效处理信息的能力。从本质上讲，如果一个运动员的能量水平超出其理想区域，就会导致注意力分散和做出较差的决策。这对于速度、灵敏性和反应训练是灾难性的。

培养意志品质

人们经常谈到要努力提高自己的心理博弈，因为这样做将允许他们进入"区域"。这种巅峰状态绝对是一种非常棒的体验。但现实情况是，这种区域状态并不会经常出现。力求这种体验是一个不切实际的目标，并且期望以任何形式定期实现它都肯定会带来频繁的失望。此外，进入这种区域是一种被动的体验——当您在那里时，有点像是去凑热闹的旁观者。一旦意识到自己进入该区域，就会将注意力切换到想着在区域中是多么好，那么，就不会继续留在该区域中了。在现实中，进入该区域的尝试实际上会阻碍自己到达那里。

在训练和竞赛环境中一致有效的执行不应该以进入该区域的努力来推动。相反，应该通过有效的激励、投入、专注和冷静培养一致的表现。在具有挑战性的情况下保持冷静，保持对任务的适当专注，感觉自信，并且有一颗受到激励获得成功的心，这些特点是培养意志力的基本组成部分。意志品质是指，在任何竞赛环境中，始终如一地发挥出自己的天赋和技能上限的能力（Loehr 1986）。它是指要拥有先天或后天培养的心理优势，使您能够比对手在整体上更好地应付运动专项的许多需求，并且在压力之下比对手更加始终一致地保持决心、信心和控制力（Jones、Hanton和Connaughton 2002）。这其实是要求在压力之下能够清晰地思考，并做出相应的反应。体能教练、专项教练或父母处在为运动员介绍、影响和加强心理技能训练方案的有利位置。只需从本章中所介绍的技能开始，为改善任何领域的表现打下坚实的基础，包括用训练提高速度、灵敏性和反应。

第4章

速度训练

道格·伦茨（Doug Lentz）和杰伊·道斯（Jay Dawes）

　　"速度至上"这个说法在体育界经常被提及。对于大多数运动项目，如足球、篮球、曲棍球和网球，多种姿势的快速启动能力是至关重要的。一旦运动员开始冲刺，就必须能够尽快加速，并保持5秒。除了这一点以及在此之前的许多情况下，都可能会要求运动员放慢动作（或减速）、变向，然后重新加速。因此，学习如何开始并以最有效的方式加速，可能就是胜负之间的区别。

　　为了从速度方案中收获最大成果，运动员应该融入重点为启动能力（或加速）、最大速度和速度耐力的训练。本章包括提高这些方面的指导和进阶。从总体上说，包括从基础到高级阶段的训练。为了更好地习得技能，运动员应该先以较慢的速度学习和完善训练，然后再全速执行练习。

理解速度的主要组成部分

　　速度一般被认为只是移动得快。其实它可以被分解成几个组成部分。通过更好地了解这些组成部分，教练员和运动员可以确定哪些部分对其运动项目最为关键，并专注于特定的速度培养技巧，让成绩获得最大的提高。在一般情况下，速度可以被分解为三个主要领域：（1）启动速度或加速；（2）最大速度；（3）速度耐力。

加速

　　加速可以被定义为速率的变化。虽然在物理上，这种变化可以是正的（速度加快）或负的（减慢），但在体育界，加速通常是指正加速，而减速时通常用来描述负加速。对于大多数运动项目来说，运动员在静止或接近静止状态时迅速克服惯性，达到最大或接近最大速度的能力，对于成功是极为重要的。有几个因素会影响一个人的加速能力。提高其中的任何一个或全部因素就能提高加速表现。

　　已经有大量的研究针对这些因素之一，径类运动员的起跑技术。根据哈兰（Harland）

和斯蒂尔（Steele）的研究（1997），短跑运动员以相对于地面的较低角度（与水平面夹角40度～45度）蹬离起跑器。为了最大限度地减少制动力，在前两步中，身体的重心应该明显在接触脚（支撑基础）的前面。这使得运动员可以产生很大的力量来克服惯性，并在跑道上继续加速，特别是在前30码。

与径类运动员不同，非径类运动员没有使用起跑器来加速这样的好处。非径类运动员必须用各种不同的姿势。例如，静止的、滚动或跨步式启动。典型的田类运动或球场类运动的运动员从运动姿势或准备姿势开始，其中，踝关节、膝关节踝关节微屈，双脚与肩同宽或采用错开（分开）的站姿。对于这些运动员来说，他们的重心应该朝前脚掌转移，同时保持平衡（例如，不要过于向前、向后或向侧面倾斜）。与径类的起跑类似，从准备姿势开始运动员的身体重心也必须向前，其投影应落于支撑基础的前面。

一直以来，运动员都被教导说，先退一步再向前冲刺，这是适得其反的。这常常被称为错误的步骤。然而，许多专业运动员从静止姿势开始，利用这种技术。近年来，越来越多的证据表明，对于某些运动员来说，快速地向后一步，或有节奏地踏步，实际上可能有助于向前移动。最近的研究表明，这种技术可以产生更大的冲量与更多的水平力，与先向前一步相比，产生更多的位移（Cronin等，2007；Massey等人，2014）。事实证明，对于10米以内的直线加速度的确如此。因此，教会运动员何时以及如何运用此技术，对于提高加速度是有益的。

最大速度

最大速度是运动员在一次速度回合中实现的最快速度。许多田类项目的运动员能够在20～30米达到最大速度。径类运动员的加速阶段一般都能够保持更长时间。这些运动员通常在40～50米之间达到最大速度。这意味着他们比田类运动员在加速阶段中花更多的时间。

当看到参加间歇性运动（大部分为非径类项目）的运动员的速度需求时，可以明显看出，这些运动员都很少能达到其真正的最大速度（Duthie等，2006）。这是由于为了避开对方防守球员或阻止进攻球员，需要在相对短的距离（5～15米）内多次变向。出于这个原因，很多教练认为，最大速度训练对于这些类型的运动员并不重要。恰恰相反，最大速度训练不仅是运动员整体发展的一个组成部分，还让这些运动员做好能够达到或接近最大速度的准备。但是运动员整体发展，审慎的做法可能是，先投入大量时间来学习如何更有效地启动和加速，再花大量时间去学习和完善与最大速度有直接关系的技巧。

速度耐力

术语速度耐力是指运动员以最大速度或接近最大速度重复执行最长距离或非常接近最长距离冲刺的能力。对于参加40米以上的竞赛项目的田径运动员来说，赢得比赛的未必是最快的运动员，而是减速最少的运动员。对于非径类运动员来说，速度耐力不一定是在单一速度较量中保持速度的能力，而是要在不同的速度较量中保持速度的能力。除纯遗传潜力之外，如步幅、步频、力量、爆发力、灵敏性、柔韧性和正确的技术等因素都对速度有帮助。虽然不是每个人都能达到世界一流的速度的水平，但大多数运动员可以通过专业训练方法和技术实现更快的速度。本章包括了速度发展的指导、实现最大速度的训练，以及相关有助于提高速度的其他重要领域的信息。

步频和步幅

当以提高速度为目标时，教练试图影响两个主要组成部分：步幅和步频。步幅就是随后的每一步包括的距离，而步频是指运动员迅速反复换腿的能力。分别或同时增加步幅、步频，通常将产生速度的提高。

虽然这些因素是相互关联的，有时当运动员努力改善其中一个因素时，却会无意中阻碍了另一个因素。例如，为了增加步幅，许多运动员的前腿跨出的距离离支撑基础太远。最终的结果是跨步过大，导致运动员前腿的脚后跟着地。因此，这造成不必要的制动力，随之而来的是步频降低，从而不可避免地导致了跑步速度的下降。由于这个原因，在指导时要观察启动和加速，以确保运动员保持较小的胫骨角度（相对于地面），这是非常关键的。这意味着，在与地面接触时，小腿总是指向既定的移动方向。许多初级加速训练有助于运动员巩固小或正的胫骨角度。

步频，即在给定时间或指定距离中跨出的步数。如果强调良好的姿势和技术，可以在不牺牲步幅的情况下增加步频。提高步频很重要，因为运动员只有在脚与地面接触时才可以产生推动力。因此，双脚与地面的接触越频繁，运动员产生推动力的可能性就越大。然而，在跑步时，每一步双脚与地面的接触时间只有几分之一秒。在这有限的接触时间内，运动员必须产生很大的力量，以产生带来爆发力水平需要的动力。出于这个原因，提高运动员的整体力量和功率，以及快速发力（力量发展速率）的能力，是至关重要的。总之，虽然可以使用很多方法来增加力量和爆发力，但掌握技巧让运动员可以通过步幅与步频的最优组合快速产生力量。

最近的研究探讨了影响田类运动员与径类运动加速能力差异的因素。研究已经发现，脚与地面接触的时长是一步的主要特征，正是田类运动员加速得较快和径类运动员加速得较慢的区别。接触时间是在短跑的支撑阶段中产生力学的机制。此外，接触时间和步频被认为是精英短跑运动员的两个最重要的特质。据推断，对于田类运动加速，能够更快加速的运动员的接触时间将会更短，并且步频更高。

力量与爆发力

研究人员还得出结论，一个人在短时间内产生力量的能力似乎是田类运动的重要组成部分。事实上，目前大多数涉及到速度训练的文献认为，较快的田类运动员往往具有更强的爆发力，并且相对于他们的体重，他们能产生更大的力量。出于这个原因，建议力量和体能方案中包括爆发力动作（例如，奥林匹克举重、伸缩复合训练、弹震式负重训练），以帮助增大步幅距离和高速运动（如，超速训练或辅助式速度训练），以提高步频。

灵活性和柔韧性

灵敏性强调关节的活动范围和幅度，而柔韧性强调肌肉组织的伸展能力。至关重要的是，运动员拥有适量的灵敏性和柔韧性，让肢体以必要的速度通过动作所需的范围，从而产生有效的运动。例如，如果运动员的腘绳肌的柔韧性较差，就可能会影响他的前腿上抬，这将潜在地限制其髋部的灵活性。这种限制可能导致运动员在随后的跨步中无法让脚到达最佳位置，从而减弱在脚触地时所产生的力。较差的柔韧性和移动能力不仅对运动表现产生负面影响，还可能增加受伤的风险。

正确的技术

虽然力量和爆发力于产生速度非常重要，怎么强调也不过分，但在试图发展上述两点的同时，不应该影响正确的身体姿势和正确的短跑技术。教练和运动员都应该时刻保持注意，在实施速度和加速训练方案时，始终强调正确的短跑技术。正确的技术让运动员最大限度地利用跨步中由肌肉产生的力量，减少力量从地面转移到腿、躯干和上肢的过程中的能量损失。如果技术较差，那么，关节及其周围的肌肉就要承受更大的生物力学应力，导致低效率的动作模式和产生更高的损伤风险。良好的技术可以显著提高神经肌肉的工作效率，以及运动员最大化其遗传潜力的能力。它还可以实现更顺畅、更协调的动作，有助于更快的跑动速度。

关于正确的短跑技术，我们要关注三大要素：姿势（posture）、摆臂动作（arm action），以及腿部动作（leg action）（首字母缩写为PAL）（Gambetta 2001）。

姿势　姿势指身体的协调。运动员的姿势变化取决于他在短跑周期的哪个阶段。在加速过程中，会有更明显的倾斜。短跑运动员的身体倾斜大约与水平面呈40度到45度角。这有助于克服惯性。随着运动员接近自己的最大跑动速度，姿势应该变得更接近直立（80度左右）。无论在短跑的哪个阶段，在脚即将完全离开地面之前，运动员的腿完全伸展，此时，都应该能够从支撑腿的踝关节开始，通过膝关节、髋关节、躯干和头部呈现出一条直线。

头部应始终与躯干呈一直线，并且躯干与腿（完全伸展）应始终成一直线。不要让头向任何方向摇摆或有突然的动作。爆发式启动和实现最大速度要求伸展髋关节、膝关节和踝关节，以保持放松的中立姿势，并且下颚要放松，保持松弛。关于身体倾斜，如前面提到的，在每一步的过程中，当腿部完全伸直的时候，从侧面能够画出一条直线，通过身体的中心。在初始加速的过程中，身体应该明显前倾，当达到最大速度的时候，则身体逐步抬高直立起来。当脚推动身体向前时，运动员应该专注于髋关节和膝关节的完全伸展（训练提示："想象将地面推开远离自己"）。年龄较小的运动员，身体还没有完全发育，往往会比年龄较大、更强壮、爆发力更强的运动员更加迅速地变成直立姿势。

摆臂动作　摆臂动作指运动员使用其手臂的活动范围和速度。摆臂的动作抵消由腿部产生的旋转力。由于这些腿部产生的力量很大，必须通过有力且协调的摆臂动作来保持身体的协调。这在短跑的所有阶段中都很重要，但在起跑和初始加速阶段期间尤其关键。

积极的摆臂动作是必须的。每只手臂都应该作为一个整体来摆动，且肘部弯曲呈90度。双手保持放松，在身体的前方上升到大约与下巴水平，并经过臀部摆动到身体后面。手臂动作必须始终直接向前和向后，永远都不要向两侧摆动。摆臂应该从肩部开始，肘部不要过度屈伸，这是许多年轻运动员的一个常见错误。在手臂向下运动的过程中，肘部轻微拉直，身体对侧的摆动腿形成与之相对应的较长的杠杆。肘部始终保持紧贴身体。双手可以保持张开或稍微握拳，但始终要放松。在移动过程中，运动员应该始终保持手的拇指侧指向前和向上，手腕不能移动。

腿部动作　腿部动作是指髋部和腿部相对于躯干和地面的关系。爆发式启动和实现最大速度要求以协调的方式伸展髋关节、膝关节和踝关节，以产生最大的蹬地力量。另外，为了保持最佳的步频和步幅组合，适当的还原技术（即，当腿不在地面时所做的动作）是非常重要的。

在整个跑步周期中，除了脚接触地面时，脚都应该保持背屈（脚尖向上）姿势。在加速阶段中，运动员的脚跟应尽量迅速还原，减少背面动作。在短跑中，背面动作指发生在身体重心后面的动作。在起跑和初始加速期间，保持脚跟还原到低位（并且非周期性），这是非常重要的。在脚接触地面时，重量应落在脚指尖方向（永远不要落在脚跟上），在运动员正下方。当脚离开地面时，它遵循向着臀部直线上升的轨迹。同时，抬起膝关节，大腿几乎平行于地面。然后，脚下降到膝关节以下。此时，膝关节大约呈90度角。腿用力向下伸直到身体下方，伸到与地面接触的点。每条腿都一遍又一遍地重复这个过程。跑得越快，脚跟应该抬起的越高。若无法实现较高的向后折叠，步频会降低。在脚与地面接触时，运动员应该避免将脚放在身体的前方。将脚放在身体的前方会增加制动力，并大幅降低跑步速度。

在加速过程中，运动员应专注于尝试用有力的步伐推进地面。当运动员过渡到更接近最大速度的姿态时，他应该练习用正确的姿势让脚与地面接触，尽可能轻快地跑。当他接近最高速度时，要抬起头，躯干逐步直立，肩部和头部放松，蹬地腿完全伸展向地面，并且还原脚的脚跟要接近臀部。

发展速度潜能

虽然没有神奇的公式来发展或提高最大跑步速度，但有一些具体的指导方针，任何人在进行速度提高训练的时候都可以遵循。简单来说，在多次重复大强度短距离的冲刺之间要有充足的休息，这是至关重要的。合理的方案强调技术、起跑、加速、快速伸缩复合训练、速度耐力和恢复。以下是合理的速度训练习方案的指导。

在训练课开始阶段进行速度训练

人体的神经系统对肌肉收缩的速度和协调负责。当试图提高运动表现时，关键是运动员在每一节速度训练课中都完成高强度的练习。以提高运动速度为训练目标的运动员必须发展神经肌肉的兴奋性。当运动员处于疲劳状态时，会很难尽全力训练，并且更难控制在冲刺运动中肌肉收缩产生的力。因此，身体无法保持适当的角度和姿势来转移和产生在跨步时所产生的强大力量。此外，如果上肢或下肢感到疲劳，步频可能会受到影响。因此，学习和发展这些动作的能力才受到影响，它甚至可能导致受伤，因为其他肌肉群会进行代偿，以适应身体所承受的压力。如果运动员因上一节训练课而非常疲惫、酸痛或劳累，也不适宜进行速度训练。疲惫、酸痛或过度训练的运动员不能最大限度地发展速度的潜力。

熟能生巧

要掌握正确的短跑技术，需要长时间大量的重复练习。因此，在执行这些训练时，教练和运动员对每次重复时的形式和技术都要严格要求，这是至关重要的。否则培养出不好的动作模式，形成了不好的习惯。为了让短跑技术发挥最大的作用，就不可避免地需要打破这些习惯。发展运动员的最佳速度潜能需要数月，甚至数年的艰苦努力，特别需要几千次重复，如可以在本文中找到的那些训练。

在习得运动技能的初始阶段，成绩的变化通常会更大，更迅速。若继续练习，所实现的提高量会变小。这就是所谓的收益递减规律。当一个人越来越接近自己的潜能时，他所获得的提高会越来越有限。长久以来的运动技能习得理论包含了三个阶段的运动学习，即（泛化阶段、分化阶段、自动化阶段）。技能发展的分化阶段，运动员的最大挑战是理解要执行什么。对于教练员的最大挑战是传达给运动员要完成什么。成绩提升幅度通常相当大，尤其是在这一阶段的初始部分。

运动员继续进入分化阶段，他会学习一种运动策略并执行该技能。然后，运动员开始根据教练的反馈来调整改进执行运动的方式。在这个阶段，教练应侧重于要求运动员评价自己的表现，而不是简单地告诉他们需要做什么。在这一阶段，重要的是要求运动员反馈对于某个动作的感觉、特定身体部位在执行任务时的位置，以及在跑步任务时他们应该注意什么。这有助于运动员完善其内部反馈机制，减少对教练员的依赖，并且让他们能够更接近学习的自动化阶段（Jeffreys 2009）。

运动技能学习的第三个也是最后一个阶段，自动化阶段，经过大量练习之后才会出现。这个阶段的特点是，动作被自动执行，没有任何真正的压力。正是在这一阶段，运动员才能够以真正放松的状态进行训练。从本质上说，这类似于开车时的巡航控制。运动员不必有意识地以特定方式移动或执行任务——它会自动完成。

保证在速度训练中的组数与次数都有充分的休息

任何冲刺训练若持续6～8秒，并需要使用最大或接近最大的力，都将对磷酸原供能系统（ATP-CP）和中枢神经系统（CNS）产生较大压力。建议采用一比四（1∶4）的练习休息比，然而，如果最优速度是首要目标，则稍大的比率可能会产生更好的效果。在短时爆发力训练期间，ATP-CP能量系统在很大程度上依赖于体内存储的三磷酸腺苷（ATP）和磷酸肌酸（CP）来维持运动强度。一般来说，人体存储约三盎司（84.9克）的ATP和五到六倍于这个分量的CP。在剧烈的运动过程中，所存储的ATP和CP用得相对较快，因为在这些活动中，它们是首选的能量来源。为了让这个能量系统完全恢复，在两次重复之间将需要长达5分钟的休息。

练习恢复是指，身体系统在执行练习以后恢复到练习前的状态。运动员的最大重复次数能力会受到活动和随后的恢复时间的影响。这种情况在许多团队运动中很常见，在反复练习中，如果恢复时间不到几分钟，在下一组练习开始之前，ATP-CP存储可能只是部分恢复。然后，这将导致后续练习中的成绩下降。

高强度练习之间的恢复间隔长度也会影响恢复。不幸的是，在需要全力以赴的间歇性爆发的运动中，恢复时间可能只持续几秒钟。因此，在随后的运动表现可能会受到影响。

图4.1显示了一个20米重复冲刺能力测试的结果。在这个测试中，要求运动员跑20米，在两次冲刺之间只有10秒的休息时间。在运动员冲刺10次后，测试终止。虽然这是一种测试运动员在间歇性运动中的速度耐力测试，但在每次后续的重复中，都会有明显的速度下降。形成对比的是，图4.2显示出采用30秒休息时间的同一个测试的结果。注意到由于休息时间增加，速度的下降幅度并没有那么大。因此，为了训练速度，需要更长的休息时间，以确保运动员能够以更接近其最好的状态去完成每次冲刺。

速度训练也同样，在6秒的高强度速度练习后休息30秒，这可能是足够的。然而，45～60秒的休息将可能带来更好的结果。执行更短的休息间隔可能会促进速度耐力的发展。此特质将有利于参与混合运动（如篮球和足球）的运动员，这一类运动对有氧供能和无氧供能都非常依赖。这个训练方法在年龄较小的运动员身上应该谨慎使用，并且在已掌握技术后才能使用。此外，如果休息间隔不允许运动员保持良好的状态和技术，应该停止训练课，或应该增加两次重复之间的时间间隔（休息），以实现更好的恢复和保持更好的技术。

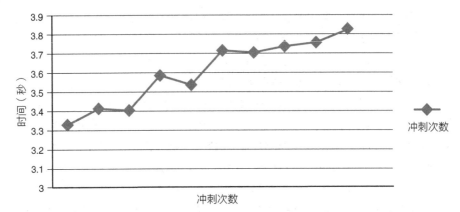

图4.1 重复冲刺能力，10秒休息

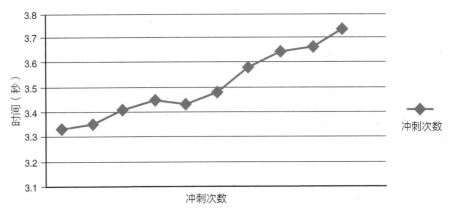

图4.2 重复冲刺能力，30秒休息

调整速度训练课的强度，划分小强度、中等和大强度训练日

连续强度冲刺训练日不会对速度的提高有益，因为它可能会影响恢复。教练员可能希望按强度或速度、持续时间（通常用时间或距离来衡量），以及每个练习和完整的训练课所产生的总体疲劳程度来区分其速度训练。

例如，小强度训练日的特点可能是，短到中等持续时间、低到中等的压力或疲劳程度。在总体训练方案中，小强度训练日最常见于大强度冲刺训练日之后。中强度训练日的特点是，中到高强度，短到长的持续时间，以及中到高的压力。例如，教练员若要计划高强度的训练日，他也将结合较长时间的休息间隔，以免运动员过早疲劳。大强度训练日的特点是，高强度，中到长的持续时间，以及高度的压力或疲劳。这是最困难的速度训练，并且，建议不要在太靠近比赛的时候执行它们。此外，每周不应该超过一个大强度速度训练日。

追踪运动员在每次速度训练课中的总跑动距离

如前面提到的，过度训练或过度疲劳的运动员将无法从速度训练中获取最大收益。

预先计划的速度训练，与在总体训练计划中的体能和力量组成部分同样重要。若没有为速度训练部分做好充分的计划，将极有可能导致受伤或表现欠佳。跟踪每次速度训练课的总距离，以尽量减少未达到期望结果的可能性。

为了充分达到最大速度，运动员必须学会在跑步时要放松，而同时又尽最大的努力

这说起来要比做容易得多，对于初中和高中学生运动员尤其如此。用力过度会产生多余的身体动作，将减损跑得快所需要的动力。紧绷的肌肉不如较放松的肌肉移动那么迅速。水平相近的运动员，放松的将比不放松的冲刺得更快。这是因为，他们能够更好地利用在冲刺期间肌肉因迅速拉长而产生并积累的弹性能量。例如，当手臂向后摆动时，肩部肌肉会受到快速拉长，这样的拉长在肩部积聚势能，并帮助运动员在冲刺动作中爆发式向前摆臂。如果由于肌肉收缩而导致肌肉紧绷，所积累的弹性势能就会较少，因为肌肉内的张力较小。

运动员必须学会如何非常快地启动和关闭肌肉收缩，这是短跑的一个关键要素。迅速收缩放松的肌肉可以增强肌肉收缩的速度和力量。正如任何学习过程那样，为了让放松成为第二天性，这个技能必须在训练中反复练习。

分别训练加速、最大速度和速度耐力

为了确定运动员是否应参加更多加速或速度训练，可以进行分段计时，将加速段与最大速度段分开。例如，图4.3显示了四名运动员在10米（加速度）和30米的分段计时示例。在这个例子中，祖（Joe）和德文（Devin）拥有最佳加速时间，并且从整体时间上看也是最快的。在史蒂芬（Steven）和米奇（Mitch）之间，可以看到史蒂芬的加速时间（10米距离）优于米奇；然而，米奇的30米成绩更好。这张图表有助于说明两点：（1）这些速度特征各不相同；（2）为了提高每一个特征，应该采用不同的训练。该信息还可以帮助指导教练的训练决策。例如，更多加速训练会对米奇有好处，而史蒂芬则需要更多最大速度训练。

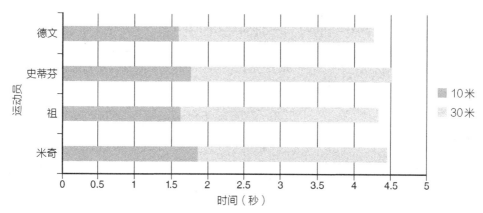

图4.3　30米冲刺的分段计时

所有运动都要求一定水平的速度耐力。然而，排球运动员与足球运动员的速度耐力需求之间有着显著差异。所有速度耐力方案的设计都应考虑到运动项目相应的主要供能系统。虽然在某项特定运动中不一定会以有氧供能系统为主导系统，但良好的有氧供能系统将有助于在整体上保持速度耐力。不要将这个与最大摄氧量（VO₂max）需求混淆。最大化个人纯有氧能力的任何尝试都将非常有可能导致整体速度减慢。因此，改变特定速度训练之间的休息时间，或使用150码和300码往返训练，会比较适合对力量和爆发力要求较高的运动项目的运动员。应当指出的是，在为了提升速度耐力选择恢复间歇的时候，应始终牢记运动员的专项运动需求。

要发展速度耐力，方法可以是165～440码（约150～400米）这种较长距离的速度训练，也可以采用20～65码（约18～50米）这种短距离训练，但减少中间的休息时间。后者适用于许多专项运动场景，这些运动的特点是要在相对短的距离内很快地加速。

在所有速度训练之前都要有一个动态热身和柔韧性过程，该过程将让运动员准备好发挥最大的力量。

根据杰弗里斯（Jeffreys）的研究（2009年），在速度训练之前完成动态热身过程有许多好处。动态热身可促进主动肌群（工作或收缩）和拮抗肌群（对抗）更快速的收缩和放松，增加输送给活动肌肉的血流量和氧，并减少身体组织内的黏度。这可以显示出更好的力量、爆发力和体力的水平。此外，它可以帮助提高反应速度，因为它可能会通过更快的反应时间来缩短总的移动时间。

热身是任何速度训练课的必要组成部分，并且不应当被跳过。最大速度所需的许多基本运动模式都应该在这一部分的训练中加以解决。速度训练的这一部分应该加强在主体速度训练课中展示的运动技能，并应该得到同等的重视。动态热身的基本过程应该是从简单、一般的灵活性和柔韧性训练过渡到更有针对性和复杂的训练。最初，应以较慢的运动速度来执行训练，随着运动员的体温、呼吸速率和排汗量增加，可以进展更快的速度。

当运动员对速度训练更加熟练的时候，原本在速度训练课中的许多练习就可以用作动态热身的一部分。在许多情况下，如果执行刚才所述的这一部分热身，运动员可能难以分清何时已完成热身，何时已开始实际的速度训练课。因此，当掌握了基本和辅助性的速度练习（最初在动态热身中引入），可以在热身中将它们替换为更高级一些的训练（例如，在热身中开始是军步走，然后发展到小跳，然后发展到实际短跑中的动作）。

速度训练

本节中的训练主要集中于从静止位置开始的起跑技术、移动中的加速技术，以及最高速度的技巧基础。掌握这些技术将显著提高运动员的成功可能性，并提供实现其速度潜力所需要的基本技能。

加速训练

打墙训练

目的

强化正确的身体姿势和排列，特别是加速过程。这是上墙训练系列中的第一个训练。

过程

- 双脚以前脚掌支撑站立，以45~60度角靠向墙，用双臂支撑身体。
- 保持身体直立和收紧，抬高一侧大腿，大致平行于地面，脚踝锁定为背屈姿势，听口令"打"（见图）。
- 抬起一侧小腿应保持平行于支撑腿的角度。

推墙训练

目的

　　强化加速技巧。该训练教运动员以类似活塞的方式将前脚掌推回地面。应在掌握该训练后才继续进行"一、二、三、五步上墙训练"。

过程

- 双脚以前脚掌支撑站立，以45~60度角靠向墙，用双臂支撑身体。
- 保持身体直立和收紧，抬高一侧大腿，大致平行于地面，脚踝锁定为背屈姿势。
- 听口令"推"，抬起一侧腿应向下向后推向地面。始终保持以前脚掌为支撑。

一、二、三、五步上墙训练

目的

　　强化加速技巧中的正确姿势和腿部动作。应在掌握该训练后才继续进行"连续上墙训练"。

过程

- 双脚以前脚掌支撑站立，以大约45~60度角靠向墙，用双臂支撑身体。
- 保持身体直立和收紧，抬高一侧大腿，大致平行于地面，脚踝锁定为背屈姿势。
- 根据教练喊出的次数（1，2，3，5），将腿向下向后推向地面。

连续上墙训练

目的

模拟短距离的加速冲刺，并确保在整个加速阶段使用适当的技巧。应在掌握前面的上墙训练后再执行此训练。

过程

- 以连续的方式执行上墙训练4~6秒。
- 确保维持正确的身体姿势（不要弓背或者圆肩）。
- 继续将脚向后、向下推，对侧的膝盖推向胸部，而不仅仅是抬起脚。
- 保持脚趾向上，膝盖朝上的姿势。

听口令上墙训练

目的

这是上墙训练系列中的高级训练。教练观察正确的技巧，而运动员对教练的口令适当地做出反应。

过程

- 此训练与"一、二、三、五步上墙训练"的执行方式相同；只不过教练喊出的数字是随机的（1，2，3，5）。
- 通过完成适当的运动模式来对步数做出反应。

6

坐姿摆臂

目的

通过避免与地面接触，训练当手臂经过摆动的最低点时正确手臂姿势。

过程

- 坐在地上，两腿伸直在前面，手臂在两侧呈90度角（见图a）。
- 摆动双臂，手在身体的前面向上摆到大约与肩同高，并在身体后面经过臀部（见图b）。双手放松。
- 每只手臂应该作为一个整体移动，肘部弯曲约为90度。手臂在向前和向后的动作过程中不应越过身体的中线。
- 要注意，不要因为训练得更用力而弹离地面。

站姿摆臂

目的

通过提供关于在静止位置的上肢动作的教学提示，提高跑步技巧和速度。

过程

- 站立姿双脚与肩同宽，双臂在身体两侧，呈90度角（见图a）。
- 像冲刺动作那样摆动双臂，手在身体的前面向上摆到大约与肩同高，并在身体后面经过臀部（见图b）。双手放松。
- 每只手臂应该作为一个整体移动，肘部弯曲约为90度。
- 手臂在向前和向后的动作过程中不应越过身体的中线。

向前军步走

目的

军步走是小跳的先决条件。军步走强化正确的加速技巧和脚步速度。在继续执行更高级的训练之前应该先掌握该训练。

过程

- 军步走时使用完美的姿势和手臂动作。
- 抬高一侧腿的膝关节，并保持它完全弯曲，同时保持脚踝背屈接近臀肌（见图 a~b）。
- 当抬起一侧腿的膝关节在最高点时，对侧的支撑脚应强调跖屈。

快速高抬腿

目的

加大步频，同时保持正确的冲刺（加速）技巧。

过程

- 该训练与军步走的执行方式相同；然而，更加强调在相对短的距离内的步频。
- 大腿不应超过平行于地面的高度。
- 注意要用前脚掌有力地蹬离地面，同时与地面接触的时间要尽可能短（见图 a~b）。
- 要强调所需的动作速度，想象脚落在很热的炭上。

10

后踢腿加速

目的

提高脚步速度，同时尽量减少背面动作。

过程

- 从慢跑开始，将小腿的脚后跟向上拉，从臀肌反弹回来（见图a~c）。
- 在腿弯曲时，膝关节应该向前向上。
- 在加速期间，特别是前6~8步，要最大限度地减少背面动作，这是指发生在身体重心后面的动作。

蹬　踏

目的

提高脚步速度和踝关节的弹力。

过程

- 用较小的步子慢跑，用前脚掌着地并蹬地（见图a~c）。
- 尽量减少地面接触时间，并最大化脚与地面的接触面积。
- 强调与地面接触的跖屈阶段和小腿的还原。
- 脚与地面接触的动作要静，但快速。

12

腾 跃

目的

介绍跳跃的初步进阶。

过程

- 开始时采用站立姿势，膝关节微屈，并且髋部向前倾。
- 在跃起时，向前、向上推髋部，一条腿的膝盖向前还原（见图a和b）。
- 落地后，重复跃起，用另一条腿的膝关节向前还原（见图c）。
- 双脚应同时着地，双脚的脚踝保持踝关节背屈或锁定的姿势。

跳到最高和最远

目的

  提高髋关节的屈伸力量和踝关节肌肉的硬度，增强髋部和腿部的力量，并增大步幅。

过程

- 跳跃，非踏跳脚的膝关节尽可能向上提起（见图a~c）。
- 使用有力的摆臂动作。
- 每一跳都尽可能跳得高，尽可能跳得远。

直腿跑

目的

增加髋关节的力量和踝关节的弹力。

过程

- 跑步时保持双腿伸直，并且脚保持背屈姿势（见图a~c）。
- 强调用前脚掌接触地面，并通过髋关节来推动。

直腿跳

目的

增加髋关节的力量和踝关节的弹力，并增大步幅。

过程

- 快速跑动，同时保持双腿伸直，足背屈（见图a~c）。
- 强调用前脚掌快速接触地面，并向前弹起，同时保持身体直立，不要向后倾。

16

小跳

目的

增加髋关节屈伸力量，提高踝关节肌肉的硬度。

过程

- 跳跃时使用完美的姿态和手臂动作。高高抬起一侧腿的膝盖，并保持它完全屈曲，同时脚踝保持背屈并接近臀部（见图a~c）。
- 在空中时，强调了在军步走中所使用的高位姿势。
- 上身始终保持直立、稳定的姿势；脚落地时应该安静，但有爆发力，强调踝关节肌肉的硬度。
- 要注意，脚不要猛撞到地上。

17

单腿小跳

目的

增加髋关节屈伸力量，提高踝关节肌肉的硬度。这是小跳的进阶。

过程

- 使用与小跳相同的技巧，但只用右腿跳跃，确保右脚用力蹬地面，保持左腿伸直。
- 摆动腿应该稍微处在身体后方，并在每个跳跃过程中用作支撑腿。
- 保持用前脚掌接触地面。
- 一定要完全伸展髋关节、膝关节和踝关节。
- 在全过程中保持良好的摆臂动作。
- 用另一条腿重复。

18

基本的40码模式

目的

指导启动、加速和最大速度的结合；提高40码（36.6米）的测试成绩。

过程

- 若40码冲刺时间超过4.7秒，请遵循以下步骤。
  - 想象启动。
  - 吸气，摆好启动姿势，屏住呼吸，并开始。
  - 分开双臂，带动后腿，专注于用力带动双腿大约10码（约9米）。呼气，吸气，挺起上身呈直立姿势。
  - 在20码（约18米）左右，再次呼气和吸气，保持挺起上身的姿势至终点。
- 若40码冲刺时间不足4.7秒时，请遵循以下步骤。
  - 想象启动。
  - 吸气，摆好启动姿势，屏住呼吸，并开始。
  - 分开双臂，带动后腿，专注于用力带动双腿大约15码（约14米）。呼气，吸气，挺起上身呈直立姿势，并保持该姿势至终点。

19

进进出出

目的

提高加速转换，增强变换速度的能力。

过程

- 摆放五个标志桶，两两之间相隔15码（约14米）（见图）。
- 在1号标志桶开始，到达2号标志桶时加速到接近最大速度。
- 在3号标志桶处，努力跑出自己的最快速度（尝试打破自己的最快速度纪录）。
- 在4号标志桶处，降低强度，但尽量保持步频。

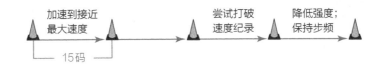

20

换　挡

目的

提高加速转换，增强变换速度的能力。

过程

- 摆放五个标志桶，两两之间相隔20码（约18米）（见下图）。
- 在标志桶之间变换跑步的强度，这将教会您加速和在各种速度（或挡位）之间切换（过渡）。例如，在1号和2号标志桶之间用二挡（半速）跑步，在2号和3号标志桶之间用三挡（四分之三速度），在3号和4号标志桶之间用一挡（四分之一速度），在4号和5号标志桶之间用四挡（全速）。
- 您可以按自己的意愿调整挡位的顺序。您还可以使用更少的标志桶完成特定的过渡练习，或使用更多标志桶进行体能训练。

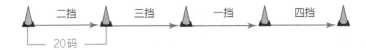

10码冲刺

目的

测试并提高加速技巧和第一步的爆发力。

过程

- 采用两点站姿。
- 尽全力加速10码。

弹　跳

目的

增加髋关节的屈伸力量，提高踝关节肌肉的硬度，增强腿部的力量，并增大步幅。

过程

- 跑步过程中，拉动摆动腿的膝关节，使其大腿到达与地面平行的位置，每一步都跳起来一点（见图a~c）。
- 这看起来应该像比正常步伐更长一些的弹跳式跑步。
- 注意脚在接触地面时不要向前伸出。

23

单腿跳

目的

增加髋关节的屈伸力量，提高踝关节肌肉的硬度，增强腿部的力量，并增大步幅。

过程

- 从慢跑开始，用单腿跳跃（见图a~c）。
- 练习与类似冲刺技巧相近的动作技巧（脚跟到臀部，抬高膝关节，当腿部准备再跳一次的时候做扒地动作）。
- 比较多组给定跳跃次数所包括的距离，以了解进步。

快速步频转加速

目的

结合高节奏的步频训练与加速跑。

过程

- 以直立的身体姿势向前移动，膝关节和脚趾向上，用力摆臂带动（见图a~c）。
- 强调步频，而不是水平的速度。
- 在5~10码的快速脚步后，不要停下，将躯干前倾，然后向前再加速5~10码。
- 全过程保持躯干绷紧和直立状态，强调有力的步伐，并尝试让双脚尽可能快地离地；用肩部带动摆臂。

25

直腿跳转加速

目的

在5到10码的加速跑中融入加速技术训练。

过程

- 快速跑动，同时保持双腿伸直，足背屈（见图a~c）。
- 强调用前脚掌快速接触地面，并向前弹起，同时保持身体直立，不向后倾。
- 在5~10码的直腿跳之后，不要停下，将躯干前倾，然后向前再加速5~10码。
- 全过程保持躯干绷紧和直立状态；强调有力的步伐，并尝试让双脚尽可能快地离地；用肩部带动摆臂。

弹跳转加速

目的

结合提高加速能力的快速伸缩复合训练10~15码的加速冲刺。

过程

- 在10~15码的弹跳之后，不要停下，转为全力加速冲刺10~15码（见图a~c）。
- 全过程保持躯干绷紧和直立状态；强调有力的步伐，并尝试让双脚尽可能快地离地；用肩部带动摆臂。

27

立定跳转加速

目的

结合线性爆发式跳跃运动与短程加速跑。

过程

- 站直，双脚距离在髋部与肩部的距离宽度之间。
- 下降到半蹲姿势，用力向后摆臂（见图a）。
- 摆动手臂，伸展膝关节和髋关节，向前跳（见图b）。
- 任一腿（非双腿）以收紧的姿势着地（见图c）。
- 继续且不要中断，尽可能快地加速5~10码。

登山者转加速

目的

提高启动和加速能力。

过程

- 采用俯卧撑姿势，双臂伸直，身体从头部到脚踝呈一直线。
- 不改变躯干的姿势，向着胸部方向抬高右膝（见图a）。
- 停顿片刻，然后回到起始姿势，并用左腿重复（见图b）；这算一次重复。
- 连续重复三次，然后不要停下，并尽可能快地向前加速5~10码（见图c和图d）。

29

速度

拉轻滑车

目的

提高跑步的力量和爆发力，增大步幅。

过程

- 给自己绑上负重的滑车或汽车轮胎，拖动大约5~15米（见图）。
- 强调正确的冲刺技巧。
- 不要使滑车过重，以至于需要改变加速技巧才能拉动它。
- 滑车重量不应超过您的体重的10%~13%；不建议年龄较小的运动员使用较重的滑车。

拉重滑车

目的

增强启动的爆发力，增大步幅。

过程

- 给自己绑上负重的滑车，然后在15~20码（14~18米）的加速跑中拖动它（见下图）。
- 强调爆发式启动和加速技巧。
- 建议发育成熟的运动员执行该训练不要超过自身体重的30%。

31

上坡加速跑

目的

增强启动的爆发力，并增大加速过程中的步幅。

过程

- 使用倾斜20~35度的小坡。
- 用4~8秒跑上坡。
- 数着自己的步数，并在选定的时间标记自己的位置。
- 在随后的计时跑中尝试用更少的步数超过这个距离。

32

体育场楼梯

目的

增强启动的爆发力，增大步幅。

过程

- 用4~8秒跑上体育场的楼梯或看台。
- 保持收紧且直立的姿势。
- 使用有力的摆臂，快速、有力的步伐。

变化

穿一件负重背心。

搭档辅助的加速训练

正面阻力

目的

增强启动的爆发力，增大步幅。

过程

- 您可以在前8~10步受到搭档的阻力。
- 您的搭档在您的面前，双手放在您的肩膀上（见图a）。
- 用力向前（维持收紧的身体姿势），搭档与其进行轻度对抗（见图b）。
- 搭档在没有提示的情况下快速向边上移动，您继续加速（±）5~10码。
- 在8~10步后，该训练结束。

背面阻力

目的

增强启动的爆发力，增大步幅。

过程

- 您的搭档在您的后面，双手放在您的腰上（见图a）。
- 在前8~10步的过程中，您的搭档将提供阻力，当您用力向前时，他向后踏步并抓住您的腰（见图b）。
- 然后，您的搭档会快速放手，让您继续加速。

面对面追逐

目的

对搭档提供启动的阻力增加了竞争元素。

过程

- 您的搭档在您的面前，双手放在您的肩膀上（见图a）。
- 您的搭档与您对抗5~10码；然后，在没有提示的情况下，搭档后撤几步，180度转身，再冲刺10码（见图b）。
- 您的目标是在自己的搭档跑到距离你们的起点大约15~20码之前抓到他。

拉安全带

目的

提高加速能力。

过程

- 您戴上阻力带和手柄套装，当您加速15~20码时，搭档可以提供轻度的阻力（见下图）。

子弹腰带

目的

教会快速的转换速度，提高加速的步频。

过程

- 当您试图加速时，子弹腰带让搭档可以拉住您，直到有足够的力施加到腰带上，使贴在您身上的粘扣带被撕开（见图a和b）。
- 可以使用几种技术来释放加速运动员，包括撕开和弹开的方法。

搭档辅助的橡胶管加速

目的

完善前几步腿部的快速还原，并提高加速过程中的步频。

过程

- 您和搭档的腰部用一条10~20码（9~18米）的橡胶管连接起来。
- 搭档与您（被辅助的运动员）距离15~25码（见图a）。
- 进入您所选择的准备姿势，并且在开始信号发出后，在橡胶管的帮助下快速用力跑10~20码（见图b）。
- 对于较长距离的加速跑，搭档可以在发出信号的同时开始跑，以提供连续长时间的辅助。

从前后两点站立姿启动

目的

提高两点站立姿启动能力。

过程

- 以蹲踞姿势开始，髋关节和膝关节微屈（见图a）。
- 前脚应直指向前，并且将大部分的重量落在前脚掌。
- 摆动腿应该直指向前，大部分重量落在前脚掌，与前脚足跟的距离与髋同宽。
- 冲出去，摆动腿向前冲，并且同侧手臂向后摆，试图沿直线向前（见图b）。

从平行式两点站姿启动

速度

目的

最大限度地提高从平行站姿的启动能力，这常见于许多非径类运动项目。

过程

- 以运动姿开始，膝关节和髋关节略屈，双脚直指向前，与肩同宽或略宽（见图a）。
- 一只脚后移至身体重心的后面一点，快速蹬地（见图b）。
- 同时，保持躯干和身体收紧，肩部前倾，通过用力的摆臂动作，爆发式向前（见图c）。
- 尝试在起始位置直接快速向后撤一步，使所有向前的动力都在一条直线上。
- 这种快速后撤步，或节奏步，利用"拉长—缩短"周期来增强从静止姿势或接近静止姿势的快速启动。

下跌启动

目的

增强在启动时的快速换腿，并教会加速时身体正确的倾斜姿势。

过程

- 双脚并拢站立，身体向前倾，直到失去平衡（见图 a 和图 b）。
- 此时，全速加速使自己不要倒下（见图 c）。
- 加速 20~30 码。

30 码快速启动

目的

测试并练习从慢跑到全力加速的转换。

过程

- 先慢跑大约 5 码。
- 一旦到达起跑线，尽自己的全力加速 30 码。

43

前抛实心球

目的

帮助提高运动员的启动能力。

过程

- 用跪姿开始，将实心球放在自己前面的地上（见图a）。
- 保持肩部略微拉长（向后），挺胸并保持收紧的姿势，肩部在实心球前面一点。
- 双臂完全伸直和放松，通过快速伸展髋部和躯干，将实心球抛到尽量远的地方（见图b）。
- 完成时采用俯卧撑姿势。

高抛实心球

目的

发展强有力启动所需要的踝关节、膝关节和髋关节的三联伸。

过程

- 用下蹲姿势开始，将实心球放在双腿之间的地面上。
- 抓住实心球的两侧，手指摊开。
- 伸展双臂，保持抬头，躯干收紧的姿势（见图a）。
- 向前送髋，肩部向上抬，同时保持双臂完全伸展（见图b）。
- 使用下手抛或扔的动作，让身体和实心球尽可能升高（见图c）。
- 让实心球落到地面。

最大速度训练

45

简略式军步走

目的

提高伸展髋部的技巧，加强腘绳肌发力。

过程

- 使用完美的姿势和摆臂动作执行军步走，其中，抬起侧的膝关节要达到尽可能高的位置（在地面平行线以上）。
- 抬高抬起侧腿的膝关节，并让它保持完全屈曲，同时脚踝保持背屈并接近臀部（见图a）。
- 在抬高膝关节后，允许这侧腿在自己前面伸展（见图b）。
- 向下扒地，送髋（见图c）。

简略式小跳

目的

为了增加步幅和步频，提高腘绳肌和髋关节的功能表现，并改善踝关节复合区的肌肉硬度。

过程

- 在执行军步走动作的同时跳跃，其中抬起一侧腿的膝关节停在尽可能高的位置。
- 强调扒地，并送髋。

飞 奔

目的

促进良好的送髋和后腿蹬地，改善前腿技巧和正确的扒地（或腿部轮转）技巧。

过程

- 用前后站姿开始。
- 不要改变脚的位置，使用基本的跳跃步模式向前跳。
- 飞奔，保持锁住跟随腿的脚踝，强调弹簧式着地和离地。

扒地训练（轮转）

目的

训练最高速度的技巧。

过程

- 伸出一只手臂搭在搭档身上，使外侧腿可以自由摆动（见图a）。
- 保持躯干静止，外侧腿像鞭子一样向前甩出去（见图b和c）。
- 在脚着地时，前脚掌应该正好落在身体重心下方，或稍微前面一点，类似于使用扒地动作。

单腿快腿

目的

强调最大速度时的跨步技巧。

过程

- 向前跑，每三步以类似军步走的方式轮转右腿一次。
- 在完成设定距离后，用左腿重复该训练。

轮换快腿

目的

强调最大速度时的跨步技巧。应该先掌握"单腿快腿训练"，再继续进阶到这个练习。

过程

- 该训练的执行方式类似于"单腿快腿训练"。然而，运动员不是轮转单腿，而是以双腿交替的方式轮转。
- 用右腿执行三次连续扒地动作，然后换用左腿重复。
- 专注于进行快速、周期性的"A军步走"动作，同时换腿并在还原过程中保持脚跟靠近臀部。
- 用前腿挡住对侧腿的膝关节。
- 重复20~30米。

51

连续快腿

目的

强调最高速度时的跨步技巧。应该先掌握"轮换快腿训练",再继续进阶到这个练习。

过程

- 该训练的执行方式类似于"轮换快腿训练"。然而,运动员一步接一步地轮转双腿,类似于军步走。
- 使用相同的腿执行连续扒地动作。
- 专注于进行快速、周期性的"A"动作,同时换腿并在还原过程中保持脚跟靠近臀部。
- 用前腿挡住对侧腿的膝盖。
- 重复20~30米。

52

跑　栏

目的

提高步频,同时加强髋屈肌,并提高下肢的平衡。

过程

- 放置8~10个6~12英寸(15~32厘米)的栏,两两相隔约3英尺(约91厘米)。
- 跑过栏,强调快速的"膝盖朝上/脚趾朝上",以及快速的脚后跟到臀部还原。
- 两个栏之间用两步完成,或跑得更快一点,两个栏之间用一步。
- 在整个训练中保持使用相同的摆动腿。

跨栏快腿

目的

提高步频，同时加强髋屈肌，并提高下肢的平衡。

过程

- 错开8~10英寸（15~32厘米）的栏，使得一半的栏与右腿呈直线，另一半的栏与左腿呈直线。
- 跨栏模式应该是左腿跨一个栏，然后右腿跨一个栏，两个栏之间相隔3英尺（约91厘米）；重复该模式。
- 双腿的顺序必须是，左脚跨左栏，然后两步，用右脚跨下一个栏。

箭步蹲跳

目的

增加髋部力量和步幅。

过程

- 以弓步姿势开始。
- 垂直跳到空中，并返回到原来的位置。
- 重复不停顿。
- 最靠近地面的膝关节不应该接触到地面。
- 双手放在头部两侧，靠近耳朵的位置，或同时用来带动每次向上跳跃。
- 用另一条腿重复。

变化

- 交替箭步蹲跳：每一跳都交换两腿的位置，在与地面接触时，另一腿在前面。

上坡到平路的对比快跑

目的

提高跑步的力量和爆发力,加大步幅。

过程

- 在上坡跑中,重力提供了阻力。
- 强调完美的最快速度技巧。
- 如果目标是发展最快跑步速度,倾斜度不要超过3度。
- 更大的倾斜度更适合于加速技巧,我们将在后面讨论。

下坡快跑

目的

提高最快速度和步频。

过程

- 在下坡跑中,重力提供了辅助。
- 强调完美的最快速度技巧。
- 如果目标是发展最快跑步速度,倾斜度可以超过3~7度,但要注意,步幅过大将导致减速,并影响速度训练。
- 在草地上,而不是在柏油路上进行这个训练,以防止在跌倒时会受伤。

下坡到平路的对比快跑

目的

提高最快速度和步频。

过程

- 让自己处在比坡底高10 ~ 20码的位置。
- 在到达比坡底高大约5码的位置之前，迅速加速至接近最大速度。
- 在过渡到平地的时候继续提高速度。
- 尝试在过渡中和在平地上保持超大的速度（约2 ~ 3秒），再跑10 ~ 15码。

降落伞跑

目的

提高跑步的力量和爆发力，加大步幅。

过程

- 戴上腰带，用绳索连接一个小降落伞。有一位搭档在您身后拿着降落伞。
- 开始跑步（见下图）。降落伞在零到四步的过程中被打开，具体取决于风力条件和降落伞型号，降落伞可提供额外的空气阻力。

59

对比降落伞跑

目的

提高启动步幅以及在最快速度的转换，提高启动速度，并转换到最快速度。

过程

- 给自己绑上降落伞，在跑的过程中，它会在您身后拖着。
- 强调正确的速度技巧。
- 在10 ~ 20码的距离内加速至接近最快跑步速度后，松开腰带魔术贴，进行无阻力跑。
- 在接下来的10 ~ 20码距离内应该有超速的感觉。

60

沙地跑

目的

增加步幅和髋部力量。

过程

- 在海滩松软的沙土上练习冲刺更加困难，并能提供良好的阻力训练。
- 它还可以在运动环境中提供更强的肌肉本体知觉。

所有体育运动中，速度都是备受追捧的属性之一。发展速度爆发力的关键是，在启动、加速阶段，以及过渡到最大速度的时候要掌握基本的速度技巧。此外，参加合理设计的力量和体能训练方案（包括阻力训练和快速伸缩复合训练）可以提高肌肉质量，培养更强的爆发力，从而增强运动员的生理能力。通过解决这些组成部分，运动员将有最大的机会去最大限度地挖掘自己的遗传潜力，并发挥出自己的最佳水平。

第5章

灵敏性训练

约翰·F.格雷厄姆（John F.Graham）

灵敏性的定义可以是，爆发性改变方向和速度所必需的能力和技能。这几乎对于任何田类或球场类运动项目的运动员都是一项必需的技能。灵敏性涉及到两种不同的运动机能形式。它是各项能力的基础，如爆发性启动、加速、变向和重新加速，同时还要保持对身体的控制，并最小化速度的损失。在这方面，由于移动常常从身体的不同姿势开始，所以灵敏性对于运动是必不可少的。因此，运动员需要有足够的爆发力和反应速度，在不到10码的冲刺中，能够让这些身体姿势做出反应，然后变向。灵敏性也可以指同时进行两个或多个特定的运动技能任务的同步能力，比如，四分卫在单独带球冲锋陷阵时要避免可能的阻截队员，同时要观察前场，寻找接传球的队友（Cissik和Barnes，2011；Halberg，2001）。

许多运动员和教练员认为灵敏性主要由遗传因素决定，因此很难有大幅的改善或提高。教练们往往很喜欢拥有与成功相关的天生身体条件的运动员比如，身材、力量、纵向和横向的动力、理想的体成分等。但是，在需要灵敏性的运动中，仅仅拥有这些条件本身并不能保证成功。

不幸的是，由于将重点放在身体特征上，休赛期的计划往往以力量训练和体能为核心。在赛季前的小板块训练中，针对专项运动速度的灵敏性和速度训练会被忽略，或只是得到有限的关注。然而，灵敏性涉及至关重要的神经适应能力，这只能随着时间的推移通过多次重复来提高（Brown和Khamoui，2012）。运动员需要几周或几个月才会看到速度和灵敏性的提高。因此，灵敏性训练应该被视为年度训练方案中的一个不可或缺的组成部分。如果在休赛期中没有注意去训练在运动过程中以高速出现的移动能力和专项运动的动作，就只有很少的时间去提高它们，更好的灵敏性和时机、节奏及动作之间有着直接的关系（Cissik和Barnes，2011；Costello和Kreis，1993；Plisk，2008）。

关于运动员体能训练的大量研究导致了运动员在接受指导、准备和训练的方式上的一些变化。这些变化引起了对如何设计和实施灵敏性训练的新关注点，从而让运动员变得更快、更强、身体状况更好。提高灵敏性的关键是运动员在转移重心时要尽量减少速度的损失。向前、向后、纵向和横向地快速改变方向的训练将有助于提高灵敏性和协调性，因为这些训练可以让身体在移动中迅速地做出这些变化。本章详细说明灵敏性训练如何带来这些好处。

为什么运动员需要灵敏性训练？

专项教练经常感觉难以将力量、爆发力、代谢训练获得的能力转化为运动表现。即使很多运动员永远也不会像迈克尔·乔丹（Michael Jordan）那样，让观众都站起来，但灵敏性训练还是会为他们提供神经肌肉适应和提高运动能力等好处。

神经肌肉适应

灵敏性训练可能是满足专项技能神经肌肉需求的最有效方式，因为它与运动专项强度、持续时间和恢复时间最相近（Cissik和Barnes，2011）。将灵敏性训练纳入到年度训练计划中去对于将获得的体能储备转化为运动场上的表现非常重要。

提高运动能力

灵敏性训练的主要作用是提高身体控制，这是专注运动感觉的结果。换句话说，它着重于颈、肩、背、髋关节、膝关节和踝关节的小动作过渡的复杂控制，以获得最佳姿势。这提高了运动员的控制意识，让他可以更快速移动。在这方面，也可以证明灵敏性训练对培养在成绩上受到挫的运动员的信心非常重要，特别是那些协调性较差的运动员。灵敏性训练帮助运动员对自身有更多了解。

设计灵敏性训练方案

当针对提高运动成绩来设计灵敏性训练方案的时候，体能教练应将以下几点作为重点纳入到训练中去：加速、协调性、减速、动态平衡、能量系统的利用、爆发力和力量。

加速

加速是按每单位时间的速度变化进行测定的。从静止姿势到最大速度，然后在变向时迅速再次增加速度，它在其中发挥着核心作用。例如，跑动中的后卫是顺利通过防线漏洞，还是被抢断，其中的差别可能就取决于迅速加速的能力。

协调性

协调性指为了完成运动技能控制和处理多个肌肉动作的能力（Cissik 和 Barnes，2011）。它需要不同肌肉群的相互作用。几乎所有的人体动作都要通过多个关节和肌肉协调工作，才可以完成既定任务。

减速

减速是指从最大速度或接近最大速度降低速度或停下来的能力。它是让身体减慢到可以迅速变向，然后重新加速的关键。减速可以有许多方式，用一步或多步后撤步、滑步或使用交叉步都可以减慢速度。在所有这些情况下，它都涉及肌肉离心的动作。它让关节承受大量压力，是运动员受伤的主要原因。

动态平衡

动态平衡是在运动中保持对身体的控制的能力。当人体处于运动状态时，运动员利用视觉、动觉意识来获得反馈，而神经系统产生的扰动让他可以调整自己的重心（Cissik 和 Barnes 2011）。灵敏性与平衡紧密相关，它要求运动员在面对姿势偏差的时候可以调节身体重心的转移（Brittenham，1996）。

能量系统的利用

所有三个能量系统（磷酸肌酸、糖原和氧化）一直都是活跃的。然而，运动的类型将决定由哪个能量系统作为主导。磷酸原、糖酵解能量系统不需要氧气，因此被称为无氧供能系统。氧化能量系统则需要氧气，称为有氧供能系统（Hoffman，2012）。在需要灵敏性的运动中，由于大多数活动通常都仅限于短时冲刺等爆发性活动（5 ~ 10 秒），能训练的主要供能系统应该是磷酸原系统（Brown 和 Khamoui 2012）。磷酸原系统主要用于少于 15 秒的最大力量短时运动（Hoffman，2012 期间）。

功率

功率很可能是训练中最基本的组成部分。它是指完成工作的速率（作用力 × 速度）。运动员从一个点到另一个点的速度越快，其功率越大。所以，可以通过提高速度来增加功率。

力量

力量指肌肉或肌肉群在特定的速度可以生成的最大作用力（Harman，2008a；Murphy 和 Forney，1997）。当运动员在与对手接触的时候，对手向运动员施加作用力与的运动员的自身体重加在一起作为阻力（Cissik 和 Barnes，2011）。研究表明，下肢力量和灵敏性之间有很强的相关性。越重视力量的体育运动就越需要力量训练。

在为运动员设计灵敏性训练方案时，应考虑一些设计的变量。这些变量的简要说明如下。

- 练习选择：选择练习以四个因素为基础——运动的动作模式、练习的时间间隔（考虑距离和时间）、休息时间间隔（因训练目标而有所不同），以及复杂性（Cissik和Barnes，2011）。
- 持续时间：距离或练习的时间间隔。
- 器械：一旦运动员能够在专项特定的速度下展示出正确的技术，就可以加入球、阻力带、运动绳索或其他运动员，从而提高训练的复杂性。关于如何增加训练复杂性的技术性建议都包括在内。
- 频次：在给定的一周内的训练课数量。在休赛期，运动员应该每周完成两次灵敏性训练，而在赛季中则每周一次。
- 强度：完成练习的速度。如果是计时训练，则强度指所包括的距离。
- 恢复：重复练习之间的时间。重复练习之间的恢复时间应根据技术的复杂性和专项的代谢需求来确定。
- 重复：完成一次完整的动作技术。
- 顺序：应首先完成技术性最强、需要最高的功率输出，并且与该专项要求最相似的训练。
- 组：一组灵敏性训练和放松间隔。
- 训练因素：如病史、运动员年龄、运动员生理成熟水平、运动技能水平、训练经验、目前的健康水平，以及快速伸缩复合训练和力量训练的经验和水平都是必须考虑的因素。
- 训练负荷：每个灵敏性方案所完成的运动量。举一个例子，运动员可以在绳梯上完成四个练习，每个练习完成两次。

完善灵敏性训练

当指导运动员执行灵敏性练习时，关键是要着眼于以下几点：初始速度和方向、降低或增加速度（或两者）、改变移动方向，以及最终的速度和方向（Plisk，2008）。完善练习的技术是最重要的。因为无法控制速度而马虎的完成训练，这对运动员没有任何好处。

灵敏性训练

以下类型的训练应该被包含在灵敏性训练方案中。

- 线路训练：以线性方式进行的训练，包括变向、步法、反应时间、加速、减速、制动能力、调整、技能之间的转换以及切入能力。
- 标志桶训练：训练包括在使用标志桶时的变向、步法、反应时间、加速、减速、制动能力、调整、技能之间的转换以及切入能力。
- 绳梯训练：需要使用绳梯来提高协调性、下肢反应、平衡和步法反应的训练。
- 沙袋训练：需要使用沙袋来增强方向变化、快速脚步动作、柔韧性、高抬腿动作和横向移动的训练。
- 后撤步训练：结合了后撤步移动与方向变化、反应时间、加速和减速的训练。
- 小型栏架训练：通过使用小型栏架增强爆发性横向方向变化的训练。

提高灵敏性（20码往返）

目的

发展变向、步法和反应时间的能力。

过程

- 采用两点站姿，跨过起跑线。
- 转向右侧，冲刺，用右手触碰在5码远的线。
- 转回左侧，冲刺10码，用左手触摸远的那条线。
- 再转回右侧，并冲刺5码越过起跑线到终点。

变化

- 在每一程的线路训练中，执行不同的运动技能。
- 在每条线上放一个球。

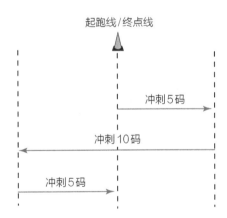

起跑线/终点线

冲刺5码

冲刺10码

冲刺5码

辗 转

目的

发展步法和反应时间的能力。

过程

- 采用两点站姿开始。
- 向前冲刺5码。
- 360度转身，并再冲刺5码。
- 360度转身，并再冲刺5码。
- 向右侧或向左侧冲刺10码。

变化

- 在第一次360度转身时，将右手放在地上，在第二次360度转身时将左手放在地上。
- 变换距离。
- 根据教练的指令来完成转身。
- 在整个训练中使用不同的运动技能组合。

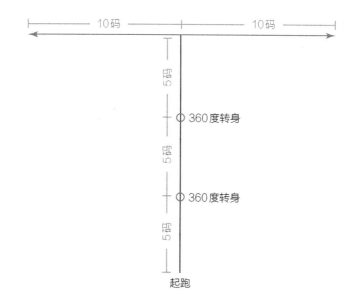

40码直线冲刺

目的

提高灵敏性和体能。

过程

- 采用两点站姿,站在起跑线上。
- 向前冲刺5码,到达第一条线,用右手触线,回到起跑线上,并用左手触线。
- 向前冲刺10码,到达第二条线,用右手触线,回到起跑线上,并用左手触线。
- 向前冲刺5码,到达第一条线,用右手触线,回到起跑线上。

变化

- 在每一程的训练中结合不同的运动技能。
- 以不同的姿势开始训练(例如,仰卧、坐姿)。
- 每次转身都添加翻跟斗动作。

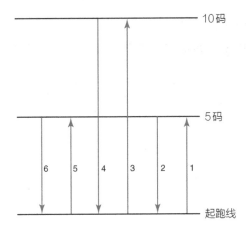

60码直线冲刺

目的

提高灵敏性和体能。

过程

- 向前冲刺5码，到达第一条线，用任意一只手触线。
- 转身并回到起跑线。
- 向前冲刺10码，到达第二条线，用任意一只手触线。
- 转身并回到起跑线。
- 向前冲刺15码，到达第三条线，用任意一只手触线。
- 转身并回到起跑线。

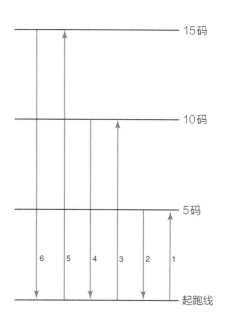

灵敏性

30码T形训练

目的

提高灵敏性、体能、外展肌群和内收肌群的柔韧性以及力量。

过程

- 向前冲刺5码，到达地面上做好标记的点。
- 向右滑步，并用右手触摸在5码处的线。
- 滑步回到左侧10码处，并用左手触摸远端的那条线。
- 滑步回到右侧5码处的标记点。
- 用任意一只脚触碰标记点，并用后撤步越过起跑线，完成练习。

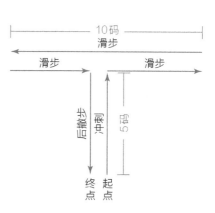

40 码直线滑步

目的

提高灵敏性、体能、外展肌群和内收肌群的柔韧性以及力量。

过程

- 采用两点站姿开始，跨过起跑线。
- 向右滑步5码，到达第一条线，用右脚触线，滑步回到起跑线，并用左脚触线。
- 向右滑步10码，到达第二条线，用右脚触线，滑步回到起跑线，并用左脚触线。
- 向右滑步5码，到达第二条线，用右脚触线，滑步回到起跑线。

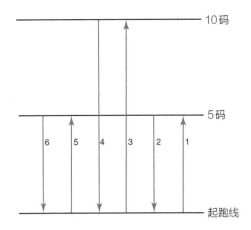

40码直线后撤步转冲刺

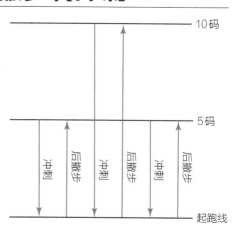

目的

提高灵敏性、变向和体能。

过程

- 采用两点站姿开始，背对起跑线。
- 后撤步5码，到达第一条线，用任意一只脚触线，冲刺回到起跑线，并用任意一只脚触线。
- 后撤步10码，到达第二条线，用任意一只脚触线，冲刺回到起跑线，并用任意一只脚触线。
- 后撤步5码，到达第一条线，用任意一只脚触线，冲刺回到起跑线。

40码直线后撤步180度转身并冲刺

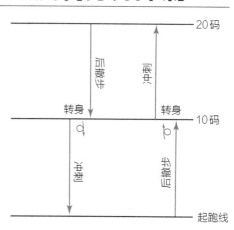

目的

提高灵敏性、变向和体能。

过程

- 采用两点站姿开始，背对起跑线。
- 后撤步10码，向右转体180度，再冲刺10码，用任意一只脚触线。
- 后撤步10码，向左转体180度，冲刺10码到起跑线。

灵敏性

50码直线冲刺转后撤步

目的

提高加速和制动的能力。

过程

- 向前冲刺10码。
- 后撤步5码。
- 向前冲刺10码。
- 后撤步5码。
- 向前冲刺10码。
- 后撤步5码。
- 向前冲刺5码。

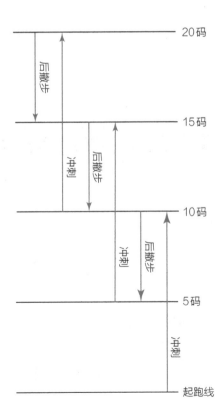

100码直线往返

目的

提高变向、步法和反应时间的能力。

过程

- 起跑线上采用两点站姿开始。
- 向前冲刺5码，到达第一条线，用右手触线，回到起跑线上，并用左手触线。
- 向前冲刺10码，到达第二条线，用右手触线，回到起跑线上，并用左手触线。
- 向前冲刺15码，到达第三条线，用右手触线，回到起跑线上，并用左手触线。
- 向前冲刺20码，到达第四条线，用右手触线，回到起跑线上，并用左手触线。

灵敏性

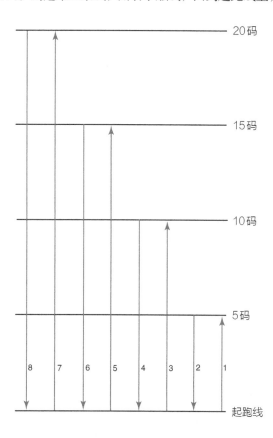

71

30 码后撤步转冲刺

目的

提高变向和反应的能力。

过程

灵敏性

- 采用两点站姿开始，背对起跑线。
- 后撤步5码，到达第一条线，冲刺回到起跑线。
- 后撤步10码，到达第二条线，冲刺回到起跑线。

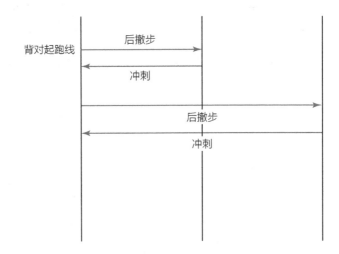

后撤步加90度转身

目的

提高变向和反应的能力。

过程

- 采用两点站姿开始，背对起跑线。
- 后撤步10码，到达标志线。
- 转身90度，并向右或左冲刺10码。

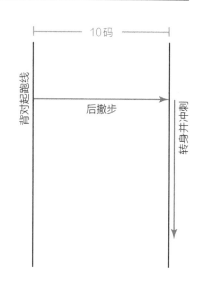

灵敏性

后撤步加45度转身

目的

提高变向和反应的能力。

过程

- 采用两点站姿开始，背对起跑线。
- 后撤步10码，到达标志线。
- 调转方向，以45度向右或左冲刺。

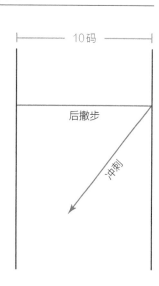

向后—转弯

灵敏性

目的

提高变向和转身后加速的能力。

过程

- 后撤步10码，到达标志线。
- 转身，并以45度向右或向左加速20码。

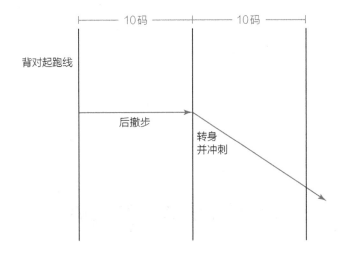

向后—转弯—向后

目的

提高变向、反应和转身后加速的能力。

过程

- 后撤步10码，到达标志线。
- 转身并以45度向前加速10码。
- 转向相反方向，并以45度向前加速10码。

灵敏性

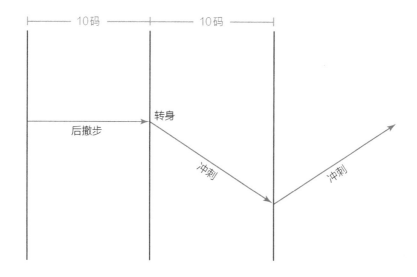

76

还　原

目的

提高变向和反应的能力。

过程

- 采用两点站姿开始，背对起跑线。
- 后撤步10码，到达标志线。
- 向前冲刺10码，集中精力在加速上。

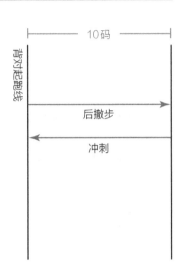

77

交叉步小跳

目的

训练用爆发性交叉步技巧变向；增强对侧髋伸肌和髋屈肌的爆发力。

过程

- 采用两点站姿开始。
- 开始沿着线向左侧横向小跳，左右腿交叉。
- 强调左侧髋关节伸展，右侧髋关节屈曲。
- 髋关节向左旋转，同时右腿放在左腿前面。
- 肩部保持与前方呈90度。

交叉步跑

目的

通过轻推足弓，放松脚和踝关节。

过程

- 向前跑20码，一只脚踏过身体的中心线，用足弓着地。
- 继续交叉双脚，就像在一条线。
- 向后执行相同的动作，返回到起跑线。

双脚向前跳

灵敏性

目的

提高灵敏性、平衡和反应能力。

过程

- 双脚与肩同宽，站在20码线的一侧（见图a）。
- 来回跳过这条线，强调向前移动时的反应（见图b和c）。
- 沿着线继续该运动模式，跳完整条线。

单脚向前跳

目的

提高灵敏性、平衡、腿部力量和反应能力。

过程

- 开始时，一只脚站在20码的一侧（见图a）。
- 单脚向前跳过这条线，强调向前移动时的反应（见图b和c）。
- 在10码处，在不中断的情况下换脚。
- 继续该运动模式，直到这条线的末端。

横向滑步

目的

提高灵敏性、平衡、横向移动和反应能力。

过程

- 双脚与肩同宽，面对20码线站立（见图a）。
- 沿着这条线快速滑步（见图b ~ d）。
- 在到达这条线的末端时，迅速调转方向。

灵敏性

阿里滑步

目的

提高灵敏性、平衡、协调性和反应能力。

过程

- 双脚与肩同宽，面对20码线站立。
- 在沿着这条线横向移动时运用阿里滑步，即，一只脚跨向这条线的前面，而另一只脚留在这条线后面（见图a ~ c）。
- 在到达这条线的末端时，迅速调转方向。

剪刀步

目的

提高灵敏性、平衡、协调性和反应能力。

过程

- 开始时站在20码线的一侧，双脚分别在这条线的两侧（见图a）。
- 在沿着这条线向前移动时执行剪刀步，即，双脚前后交叉。双脚应该在这条线的两侧交叉（见图b和c）。
- 每次跳到空中时交换脚。
- 在到达这条线的末端时，迅速转身并调转方向。

180度直线转身

目的

提高灵敏性、平衡、髋关节灵活性和反应能力。

过程

- 开始时站在20码线的一侧面向练习开始的方向。
- 跳起，转半圈，使双脚面向这条线，与前进方向垂直（见图a）。
- 继续重复转半圈，直至到达这条线的末端（见图b和c）。
- 在到达这条线的末端时，调转方向并重复练习。

灵敏性

标志桶训练

15码转身训练

目的

　　提高变向能力，髋关节灵活性和步法。

过程

- 采用两点站姿开始。
- 向前冲刺5码，到达1号标志桶，绕过它向右快转。
- 冲刺到位于起点右侧5码处，与1号标志桶形成对角线的2号标志桶，并绕过它向左转。
- 冲刺约5码通过终点。

变化

- 转弯时，将内侧的手放在地上。
- 改变标志桶之间的距离。
- 听口令转身，而不是在标志桶处转身。

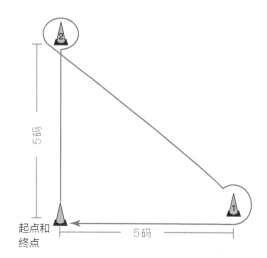

20码正方形

目的

提高身体姿势的变向能力、技能之间的转换，以及切入能力。

过程

- 将标志桶摆放成一个正方形。
- 采用两点站姿开始。
- 冲刺5码到达第一个标志桶，快速向右切。
- 向右滑步5码，并急转停下来。
- 后撤步5码到下一个标志桶，快速向左切。
- 向左滑步通过终点。

变化

- 以不同的姿势启动（例如，仰卧、四点姿势）。
- 针对不同的运动项目和能量系统，将标志桶之间的距离调整为适当的距离。
- 调整每一程的技能，以满足特定的需求。
- 用内侧或外侧的腿切入；从标志桶的外侧切入；或绕标志桶一圈。
- 转弯时，将内侧的手放在地上。
- 在切入时接球。

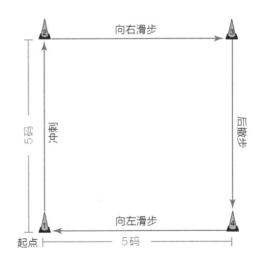

灵敏性

X形多技能

目的

提高动作的转换和切入能力。

过程

- 将标志桶摆放成一个正方形，要完成的训练是X形跑动。
- 采用两点站姿开始。
- 冲刺10米，到达1号标志桶。
- 在1号标志桶处，对角线冲刺14米，到达2号标志桶。
- 以外侧脚为支撑后撤步10米，到达3号标志桶。
- 在3号标志桶处，对角线冲刺14米，到达4号标志桶。

变化

- 以不同的姿势启动（例如，仰卧、四点姿势）。
- 针对不同的运动项目和能量系统，将标志桶之间的距离调整为适当的距离。
- 调整每一程的技能，以满足特定的需求。
- 用内侧或外侧的腿切入，从标志桶的外侧切入，或绕标志桶一圈。
- 转弯时，将内侧的手放在地上。
- 在执行该训练时执行额外的技能，比如运球。

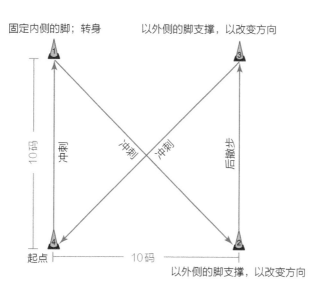

Z形跑动

目的

提高动作的转换和转弯能力。

过程

- 将六个标志桶放在相隔5码的两条线上，标志桶的位置为第1条线上的第0、10和20码处，以及第2条线上的第5、15和25码处。
- 采用两点站姿开始。
- 对角线冲刺5码，到达1号标志桶，固定外侧的脚，绕过标志桶。
- 继续对角线冲刺5到每一个标志桶，并绕过每一个标志桶。

变化

- 以不同的姿势启动（例如，仰卧、四点姿势）。
- 针对不同的运动项目和能量系统，将标志桶之间的距离调整为适当的距离。
- 调整每一程的技能，以满足特定的需求。
- 用内侧或外侧的腿切入。
- 从标志桶的外侧切入，或绕标志盘一圈。
- 转向，将内侧的手放在地上。
- 跑完所有标志桶后，在场上继续向前跑，并执行一项技能，比如，运球。

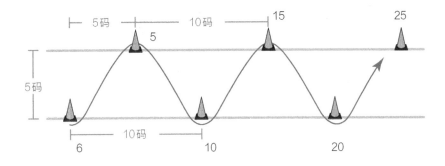

40码正方形侧身交叉步

目的

提高变向、髋关节的柔韧性和步法能力。

过程

- 将标志桶摆放成边长为10码的正方形。
- 采用两点站姿开始。
- 从正方形的右侧开始，向前冲刺10码。
- 在1号标志桶处向后转身。
- 侧身交叉步10码，到达下一个标志桶。
- 向后转身，并后撤步10码，到达下一个标志桶。
- 向后转身，并侧身跑10码，到达终点。

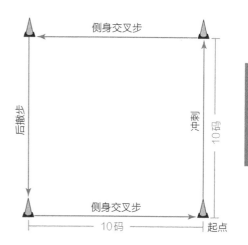

40码正方形滑步

目的

提高柔韧性、步法，以及腹股沟区域的力量。

过程

- 将标志桶摆放成边长为10码的正方形。
- 采用两点站姿开始。
- 从正方形的右侧开始，向前冲刺10码。
- 在1号标志桶处向后转身，滑步10码，到达下一个标志桶。
- 向后转身，并后撤步10码，到达下一个标志桶。
- 向后转，并滑步到达终点。

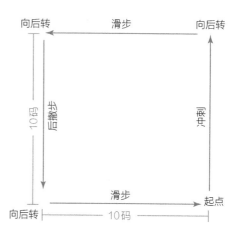

灵敏性

X形后撤步冲刺

目的

提高后撤步、变向和步法能力。

过程

- 将标志桶摆放成一个正方形，要完成的训练是X形跑动。
- 采用两点站姿开始。
- 从正方形的右侧开始，后撤步10码，到达1号标志桶。
- 在1号标志桶处，对角线冲刺14码，到达2号标志桶。
- 后撤步10码，到达3号标志桶。
- 在3号标志桶处，对角线冲刺14码，到达4号标志桶。

X形冲刺转后撤步

目的

提高变向和步法能力。

过程

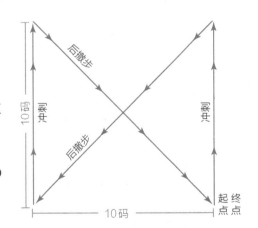

- 将标志桶摆放成一个边长为10码正方形。
- 采用两点站姿开始。
- 从正方形的右侧开始，向前冲刺10码。
- 对角线后撤步14码。
- 向前冲刺10码。
- 对角线后撤步14码到终点。

灵敏性

标志桶旋转

目的

提高腿部和髋关节灵活性、脚步速度、步法和反应能力。

过程

- 将标志桶摆放成边长为10码的正方形。
- 以两点站姿，从其中一个角开始。
- 冲刺10码，到达1号标志桶，右手放在地上向右旋转360度。
- 冲刺10码，到达2号标志桶，右手放在地上向左旋转360度。
- 冲刺10码，到达3号标志桶，右手放在地上向右旋转360度。
- 冲刺10码，到达4号标志桶，右手放在地上向左旋转360度。
- 最后冲刺到终点。

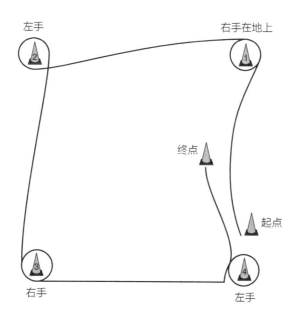

冲刺—滑步—后撤步—休息

目的

提高加速、变向、减速和步法能力。

过程

- 将标志桶摆放成一个边长为10码的正方形。
- 采用两点站姿开始。
- 冲刺10码，到达1号标志桶。
- 左脚蹬地，向右侧滑步10码到达2号标志桶。
- 在2号标志桶处，后撤步10码，到达3号标志桶。
- 在3号标志桶处，以左脚为支撑，以45度角向右冲刺10码。

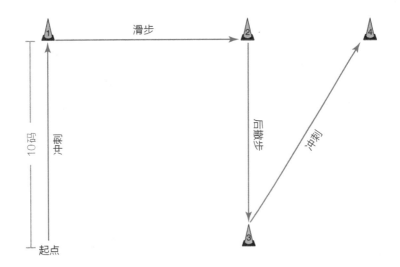

Z形切入

目的

提高脚步反应能力。

过程

- 将六个标志桶放在相隔5码的两条线上，标志桶的位置为第1条线上的第0、10和20码处，以及第2条线上的第5、15和25码处。
- 采用两点站姿开始。
- 对角线冲刺5码，到达1号标志桶，固定外侧的脚，迅速切入2号标志桶。
- 继续对角线冲刺5码，到达每一个标志桶，固定外侧的脚，并使用侧步用力切入。

之字形通过标志桶

目的

提高步法和反应能力。

过程

- 以两点站姿开始，面对一行10个标志桶，每个标志桶相隔1码。
- 用右脚沿对角线方向快速向前跨一步到1号标志桶的右侧，然后左脚向右脚做滑步。
- 用左脚引导到下一个标志桶的左侧，然后右脚向左脚做滑步。
- 重复上述动作迅速地以之字形通过所有标志桶。

113

97

之字形后退

目的

提高协调性和脚步反应能力。

过程

- 以两点站姿开始，背对一行10个标志桶，每个标志桶相隔1码。
- 用左脚引导，向后斜跨一步到1号标志桶的左侧，右脚滑向左脚。
- 用右脚向后斜跨一步到下一个标志桶的右侧，左脚滑向右脚。
- 重复上述动作，通过所有标志桶。

98

组合之字形

目的

提高变向能力、协调性和脚步反应能力。

过程

- 以两点站姿开始，背对一行10个标志桶中的1号标志桶，每个标志桶相隔1码。
- 用右脚引导，向斜后方退一步，背对2号标志桶，左脚向右脚方向做滑步。
- 向着相反的方向重复。
- 继续此模式，通过所有10个标志桶。

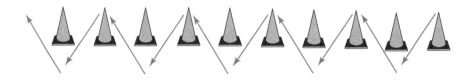

冲刺—冲刺—后撤步

目的

提高变向和脚步反应能力。

过程

- 采用两点站姿开始。
- 从1号标志桶冲刺到2号标志桶。
- 迅速向后转身，并冲刺回到1号标志桶。
- 从1号标志桶后撤步到3号标志桶。
- 从3号标志桶冲刺回到1号标志桶。

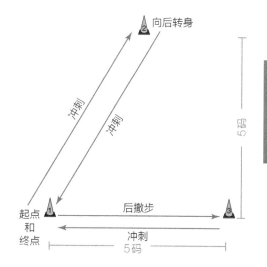

Z形对角线滑步

目的

提高柔韧性、步法和腹股沟区域的力量。

过程

- 在1号标志桶处面朝终点的方向采用两点站姿开始。
- 完成对角线侧滑步，到达2号标志桶。
- 外侧的脚用力切入，并用对角线滑步到达3号标志桶。
- 重复这个过程，通过所有的标志桶。

变化

- 变换冲刺和对角线滑步。

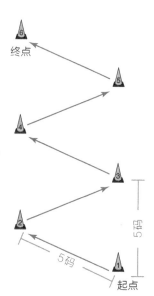

灵敏性

115

S形跑动

灵敏性

目的

提高脚步反应能力。

过程

- 将两个标志桶放在相隔5码的两条不同的线上，右边线上的标志桶在离起跑线5和10码的位置，左边线上的标志桶在离起跑线7.5和12.5码的位置。
- 在左边线上采用两点站姿开始。
- 对角线冲刺到右侧1号标志桶的稍前方，右手放在标志桶顶，并旋转360度。
- 对角线冲刺到左侧1号标志桶的稍前方，左手放在标志桶顶，并旋转360度。
- 对角线冲刺到右侧2号标志桶的稍前后，右手放在标志桶顶并旋转360度。
- 在两侧重复此过程，最后对角线冲刺5码，完成训练。
- 开始移动时要控制速度，直到获得所需的肌肉本体感觉和平衡，然后逐渐提高速度。

10码

5码

20码长方形

目的

提高变向和身体姿势的能力，提高技能之间的转换以及切入能力。

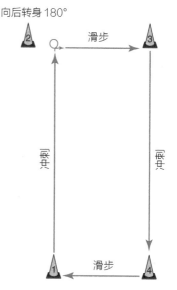

过程

- 在1号标志桶处采用两点站姿开始。
- 向前冲刺8码，到达2号标志桶。
- 以右肩为轴，向后转身，向左侧横向滑步2码，到达3号标志桶。
- 从3号标志桶冲刺到4号标志桶。
- 在4号标志桶处向右切入，并横向滑步到1号标志桶。

变化

- 以不同的姿势启动（例如，坐姿、仰卧、四点姿势）。
- 针对不同的运动项目和能量系统，将标志桶之间的距离调整为适当的距离。
- 调整每一程的技能，以满足特定的需求。
- 用内侧脚或外侧脚切入。
- 从标志桶的外侧切入，或绕标志桶一圈。
- 转弯时，将内侧的手放在地上。

103

三角形练习

目的

提高加速、制动能力和身体控制的能力。

过程

- 将三个标志桶摆放成倒三角形，即2号和3号标志桶相隔5码，而1号标志桶在中线上的前方5码处。
- 从1号标志桶向前冲刺到2号标志桶。
- 触碰2号标志桶并转身冲刺回到1号标志桶。
- 触碰1号标志桶并转身冲刺回到3号标志桶。
- 触碰3号标志桶并转身冲刺回到1号标志桶。

变化

- 使用滑步、后撤步，或各种步法组合。
- 在完成训练时进行计时。

104

冲刺—滑步—冲刺

目的

提高加速、急停能力、横向加速和身体控制的能力。

过程

- 听口令，向前冲刺5码。
- 向右（或左）滑步5码。
- 向前冲刺5码。
- 保持低重心，在滑步时保持膝关节和髋关节屈曲。
- 在滑步时，要尽可能快地移动双脚。

侧滑步—斜角滑步—冲刺

目的

提高控制变向的能力。

过程

- 从起点（1号标志桶）向右侧滑步5码，到达2号标志桶。
- 向右斜角滑步5码。
- 向左斜角滑步5码。
- 向右对角线冲刺5码。
- 向左侧滑步5码。

M形滑步训练

目的

提高不同动作之间的转换和身体控制的能力。

过程

- 首先向右斜角滑步10码，到达1号标志桶。
- 向左斜角滑步10码，到达2号标志桶。
- 向右斜角滑步10码，到达3号标志桶。
- 向左斜角滑步10码，到达4号标志桶。

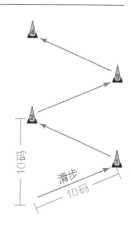

W形冲刺转到快速侧身交叉步

目的

提高加速和急停能力。

灵敏性

过程

- 沿球门线、底线或基线,将三个标志桶排列一条直线,彼此相隔5码。
- 将一个标志桶放在1号和3号标志桶之间的前方7码,另一个标志桶放在2号和3号标志桶之间的前方。
- 从位于W的其中一端的1号标志桶开始,向前冲刺到2号标志桶。
- 快速完成侧身交叉步,到达3号标志桶。
- 向前冲刺到4号标志桶,并继续此步骤,完成其余的标志桶。

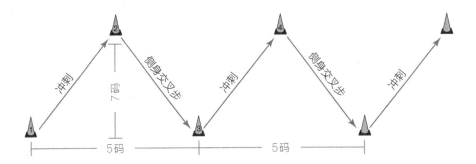

菱形滑步

目的

提高横向加速、急停能力以及低重心运动姿势能力。

过程

- 从中心标志桶开始，保持低重心，膝关节和髋关节屈曲，背部平直，眼睛向前看的姿势。
- 滑步到2号标志桶，然后滑步回到中心标志桶。
- 继续此模式，直至已到达过所有标志桶。
- 用外侧的手触摸每个标志桶。
- 保持头部抬起，眼睛向前看的姿势，使用余光来找到标志桶。

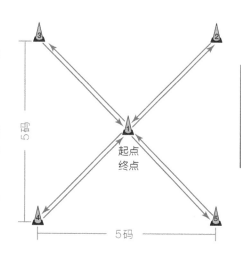

后撤步—滑步—冲刺

目的

提高加速、急停能力、横向加速、交叉步以及对身体控制的能力。

过程

- 后撤步5码，到达2号标志桶。
- 向左或右滑步5码。
- 再完成交叉步返回2号标志桶，然后向前冲刺5码。
- 保持低重心，在滑步时保持膝关节和髋关节屈曲。
- 在滑步时，要尽可能快地移动双脚。

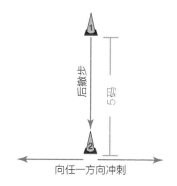

灵敏性

110

向前跑加横向滑步

目的

提高控制变向的能力，并整合两种动作模式。

过程

- 首先从1号标志桶对角线冲刺10码，到达2号标志桶。
- 向左横向滑步10码，到达3号标志桶。
- 对角线冲刺10码，到达4号标志桶。
- 跑过4号标志桶后，向左横向滑步10码，到达5号标志桶。
- 保持头部抬起，眼睛向前看的姿势，使用余光来找到标志桶。

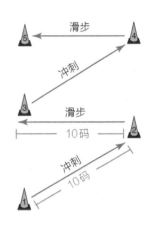

111

15码Z形训练

目的

提高变向、髋关节的灵活性和步法能力。

过程

- 将标志桶摆放成Z形。
- 采用两点站姿开始。
- 面向1号标志桶，向前冲刺5码，到达1号标志桶，将右手放在地面作为支点向右转绕过标志桶。
- 冲刺到2号标志桶（位于起点右侧5码，并与1号标志桶呈对角线），并将左手放在地面作为支点，向左转绕过标志桶。
- 向前冲刺5码，越过终点。

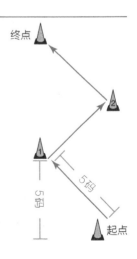

40码正方形多技能

目的

提高变向和身体姿势的能力，提高技能之间的转换以及切入能力。

过程

- 将4个标志桶摆放成边长10码的正方形，将1号标志桶放在起跑线上，2号标志桶放在它前面10码，3号标志桶放在2号标志桶的左侧10码，4号标志桶在1号标志桶的左侧10码。
- 在1号标志桶处开始准备姿势。
- 沿正方形的边连续跑两次，一次逆时针，一次顺时针。
- 听到"出发"的口令后，从1号标志桶向前冲刺到2号标志桶。
- 在到达2号标志桶后，向左熊爬，直至到达3号标志桶。
- 从3号标志桶后撤步到4号标志桶。
- 从4号标志桶，向右熊爬到1号标志桶。
- 在到达起点时，重复该训练，向相反的方向前进。

变化

重复该训练，顺序改为冲刺、单腿跳和后撤步。

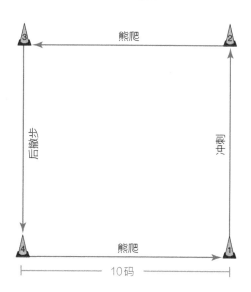

113

蛇形训练1

目的

提高变向和身体姿势的能力，提高技能之间的转换以及切入能力。

过程

- 将4个标志桶摆放成边长10码的正方形，将1号标志桶放在起跑线上，2号标志桶放在它前面10码，3号标志桶放在2号标志桶的左侧10码，4号标志桶在1号标志桶的左侧10码。5号标志桶置于正方形的中央。
- 在1号和2号标志桶之间开始准备姿势。
- 向前冲刺，绕过2号标志桶。
- 对角线冲刺，绕过5号标志桶。
- 对角线冲刺，绕过3号标志桶。
- 向前冲刺，绕过4号标志桶。
- 对角线冲刺，绕过5号标志桶。
- 对角线冲刺，绕过1号标志桶。
- 从1号标志桶冲刺到1号和2号标志桶之间的中点。

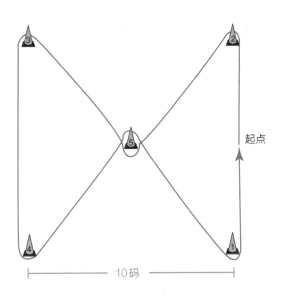

灵敏性

蛇形训练2

目的

提高变向和身体姿势的能力，提高技能之间的转换以及切入能力。

过程

- 将七个标志桶排成一条直线，彼此相距5码。在2号、4号和6号标志桶的前方5码处各放一个标志桶。
- 从1号标志桶向右滑步到2号标志桶。
- 以右脚支撑，向前跑到2号标志桶前方5码处的标志桶。冲刺绕过该标志桶，以对角线方向冲刺到3号标志桶。
- 不用交叉脚，从3号标志桶向右滑步到4号标志桶。
- 以右脚支撑，向前跑到4号标志桶前方5码处的标志桶。冲刺绕过该标志桶，以对角线方向冲刺到5号标志桶。
- 不用交叉脚，从5号标志桶向右滑步到6号标志桶。
- 以右脚支撑，向前跑到6号标志桶前方5码处的标志桶。冲刺绕过该标志桶，以对角线方向冲刺到7号标志桶。
- 在两个方向上都完成后即为一次完整的训练。

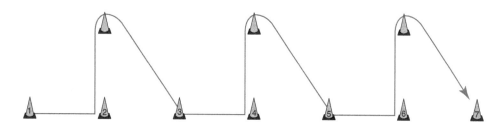

V形训练

灵敏性

目的

提高变向和身体姿势的能力，提高技能之间的转换以及切入能力。

过程

- 将三个标志桶摆放成45度角。1号标志桶放在起跑线上，2号和3号标志桶分别在其前方10码且左右10码的位置。
- 以对角线方向向前冲刺到左侧的2号标志桶。
- 以左脚支撑，后撤步回到1号标志桶。
- 不要停顿，对角线向前冲刺到右侧的3号标志桶。
- 以右脚支撑，后撤步到1号标志桶。
- 在两个方向都完成冲刺和后撤步后，即为一次完整的训练。

A形移动

目的

提高变向和身体姿势的能力，提高技能之间的转换以及切入能力。

过程

- 将五个标志桶摆放成一个A字形，1号和5号标志桶在起跑线上，相距10码。2号和3号标志桶在1号和5号标志桶前45度方向，相距5码。4号标志桶在2号和3号标志桶的前45度方向，距离它们5码。
- 从1号标志桶冲刺到2号标志桶。
- 从2号标志桶滑步到3号标志桶。
- 从3号标志桶滑步回到2号标志桶。
- 从2号标志桶冲刺到4号标志桶。
- 从4号标志桶后撤步到5号标志桶。

变化

在执行该训练时执行额外的技能，比如运球。

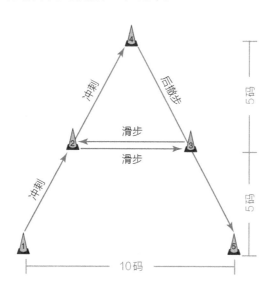

E形移动

目的

提高变向和身体姿势的能力，提高技能之间的转换以及切入能力。

过程

- 将六个标志桶摆放成一个E字形，1号和2号标志桶在起跑线上，相距10码。3号和4号标志桶在1号和2号标志桶前面，相距5码，5号和6号标志桶在3号和4号标志桶前面，相距5码。
- 从1号标志桶滑步到2号标志桶。
- 从2号标志桶冲刺到3号标志桶。
- 从3号标志桶滑步到4号标志桶。
- 从4号标志桶滑步回到3号标志桶。
- 从3号标志桶冲刺到5号标志桶。
- 从5号标志桶滑步到6号标志桶。
- 从6号标志桶滑步回到5号标志桶。
- 从5号标志桶后撤步到2号标志桶。
- 从2号标志桶滑步到1号标志桶。

变化

在执行该训练时执行额外的技能，比如运球。

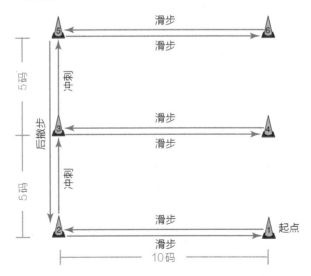

F 形移动

目的

提高变向和身体姿势的能力，提高技能之间的转换以及切入能力。

过程

- 将五个标志桶摆放成一个F字形，1号标志桶在起跑线上。2号标志桶在1号标志桶前面5码，3号标志桶在2号标志桶右侧5码。4号和5号标志桶在2号和3号标志桶前面5码处。
- 从1号标志桶冲刺到2号标志桶。
- 从2号标志桶滑步到3号标志桶。
- 从3号标志桶滑步回到2号标志桶。
- 从2号标志桶冲刺到4号标志桶。
- 从4号标志桶滑步到5号标志桶。
- 从5号标志桶滑步回到4号标志桶。
- 从4号标志桶后撤步到1号标志桶。

变化

在完成该训练时执行额外的技能，比如运球。

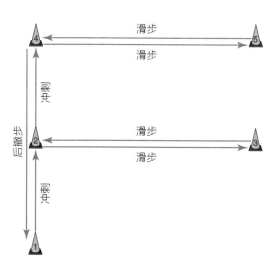

H形移动

目的

提高变向和身体姿势的能力，提高技能之间的转换以及切入能力。

过程

- 将六个标志桶摆放成一个H字形，1号标志桶在起跑线上。2号标志桶在1号标志桶前面5码，3号标志桶在2号标志桶右侧5码。4号和5号标志桶在2号和3号标志桶前面。6号标志桶在1号标志桶右侧5码。
- 从2号标志桶冲刺到4号标志桶。
- 从4号标志桶后撤步到2号标志桶。
- 从2号标志桶滑步到3号标志桶。
- 从3号标志桶冲刺到5号标志桶。
- 从5号标志桶后撤步到6号标志桶。
- 从6号标志桶冲刺到3号标志桶。
- 从3号标志桶滑步回到2号标志桶。
- 从2号标志桶后撤步到1号标志桶。

变化

在完成该训练时执行额外的技能，比如运球或接球。

星形训练

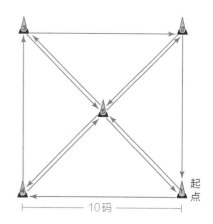

目的

提高变向和身体姿势的能力，提高技能之间的转换以及切入能力。

过程

将四个标志桶摆放成边长10码的正方形，1号标志桶在起跑线上。2号标志桶在其正前方10码，3号标志桶在2号标志桶的左侧10码，4号标志桶在1号标志桶的左侧10码。5号标志桶放在正方形的中间。

10码

起点

变化

各组组合如下。

冲刺—滑步—后撤步；冲刺—侧身交叉步—滑步；冲刺—侧身交叉步—后撤步；冲刺—后撤步—侧身交叉步；冲刺—滑步—侧身交叉；冲刺—熊爬—滑步；冲刺—熊爬—后撤步；冲刺—后撤步—熊爬；以及冲刺—滑步—熊爬。

多方向跳跃

目的

提高运动技巧中的反应和协调性。

过程

- 将标志桶摆放成任意大小区域。
- 在标志桶范围内向各个方向跳跃，同时保持自己始终面向前方的一个目标。
- 在跳的时候，根据口令或提示来改变自己的方向，使用向前、向后和侧向的跳跃。

变化

- 提高跳跃的幅度，并减少重复次数。
- 重点是听到改变方向的口令后的第一次跳跃。
- 在听到口令时加入冲刺或一个运动技能。

8字形标志桶训练

灵敏性

目的

提高变向的能力和反应时间。

过程

- 放两个扁平标志桶，相隔5 ~ 10码（4.6 ~ 9米）的距离。
- 采用两点站姿开始。
- 在标志桶之间跑8字形，在每次转弯时把内侧的手放在标志桶上。

变化

- 改变标志桶之间的距离。
- 改变转弯的半径。
- 以各种不同的姿势开始练习（例如，仰卧、坐姿、四点姿势等等）。

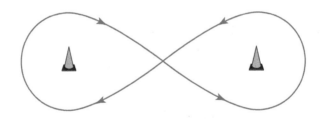

绳梯训练

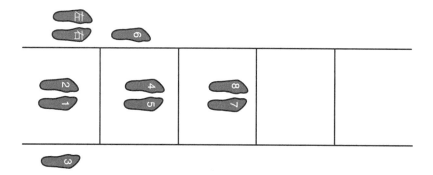

123

粘滑步

目的

提高协调性，提高下肢的反应能力。

过程

- 从梯子的左侧开始。
- 右脚横踏一步，进入到第一个格子中；左脚随右脚进入梯子的第一个格子内。
- 右脚横踏一步，到梯子的右侧；然后，左脚向前进入梯子的下一个格子内。
- 右脚进入左脚所在的格子。
- 左脚横踏一步，到梯子的左侧；然后，右脚向前进入梯子的下一个格子内。
- 向前和向后重复该模式。

变化

为了增加所有绳梯训练的复杂性，在训练过程中要向前看，同时避免看着自己的脚。

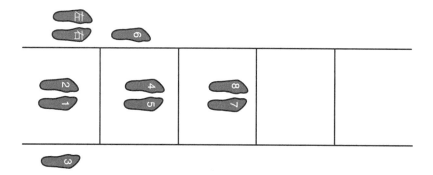

进出滑步

目的

提高灵敏性、平衡、协调性和反应能力。

过程

- 采用两点站姿开始。
- 开始时站在梯子侧面，面对梯子。
- 用左脚向正前方一步，进入第一格。
- 右脚随之进入第一格。
- 左脚对角线退一步，落在第二格的前面。
- 右脚跟随，落在第二格的前面。
- 重复这个步骤，完成整条绳梯。
- 每只脚都要到达每个格子。

变化

- 完成相同的模式，但每只脚进入不同的格子。
- 每一步要隔开一个格子，并增加横向步。
- 向后完成该训练（即，背向梯子开始训练）。
- 在执行该训练时增加一项额外的运动技能，比如传球。

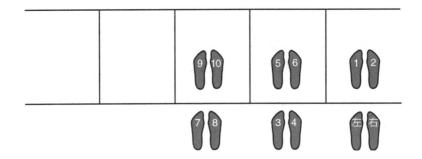

绳梯180度转身

目的

提高灵敏性、平衡、髋关节灵活性反应能力。

过程

- 采用两点站姿开始，跨过梯子的第一个梯级（见图a）。
- 双脚起跳并转身180度，落地时跨过下一个梯级（见图b和c）。
- 继续重复转半圈进入每个格子，直至完成整条绳梯。

变化

在垂直面对梯形的情况下执行该训练。

灵敏性

每一个格

目的

提高平衡性、柔韧性、步法和高抬腿动作。

过程

- 采用两点站姿开始。
- 采用高抬腿和良好的手臂动作向前冲刺。
- 双脚交替进入绳梯的每一格（见图 a–c）。

灵敏性

两　步

目的

　　提高平衡、灵活性脚步反应和高抬腿动作。

过程

- 采用两点站姿开始。
- 采用高抬腿和良好的手臂动作向前冲刺。
- 右脚和左脚都要进入绳梯的每一格（见图a–c）。

侧身交叉步

目的

提高平衡、髋关节灵活性步法和周边视觉能力。

灵敏性

过程

- 采用两点站姿开始。
- 在梯子的一端，开始时站在梯子的旁边。
- 用右脚步入第一格。
- 交叉左脚进入第二格。左脚应从右脚的前面完成交叉动作。
- 用右脚踏进第三格。左脚应从右脚的后面完成交叉动作。
- 左脚交叉在右脚的前面进入下一格。
- 重复该步骤完成整条绳梯（见图a-c）。
- 在前面交叉时，要强调高抬腿动作。

绳梯侧步

目的

提高平衡、柔韧性、步法和周边视觉能力。

过程

- 采用两点站姿开始。
- 采用高抬腿和良好的摆臂动作，横向冲刺通过绳梯。
- 双脚交替进入绳梯的每一格（见图a和b）。

绳梯侧步加两步

目的

提高平衡、柔韧性、步法和周边视觉能力。

过程

- 采用两点站姿开始。
- 采用高抬腿和良好的摆臂动作，横向冲刺通过绳梯。
- 双脚都要进入绳梯的每一格（见图 a–c）。

回转跳

目的

提高灵敏性、平衡、协调性和反应能力。

过程

- 采用两点站姿开始，跨过绳梯的侧带，左脚在格子里面，右脚在外面。
- 跳过绳梯，跨过对面的侧带，右脚在格子里面，左脚在外面。
- 继续沿着绳梯执行这个过程（见图 a–c）。

变化

熟练后可以用单脚执行该训练。

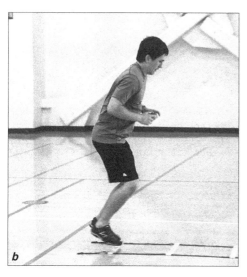

转体身跳

灵敏性

目的

提高灵敏性、平衡、协调性、髋关节灵活性和反应能力。

过程

- 采用两点站姿开始。
- 保持双脚并拢，执行一系列转四分之一圈的跳跃（见图a-c）。
- 双脚每次跳跃的方向如下：正前方，右，正前方，左，正前方，以此类推。
- 该训练要求每次跳跃时转动髋关节。

双进出滑步

目的

提高灵敏性、平衡、协调性和反应能力。

过程

- 采用两点站姿开始。
- 开始时站在梯子的旁边。
- 左脚向正前方一步，进入第一格。
- 右脚随之进入第一格。
- 左脚后退一步，落在第一格前面。
- 右脚随之落在第一格前面。
- 左脚向正前方一步，再次进入第一格。
- 右脚随之进入第一格。
- 左脚后退一步，并滑步进入第二格。
- 右脚随之落在第二格前面。
- 重复此步骤，完成整条绳梯。

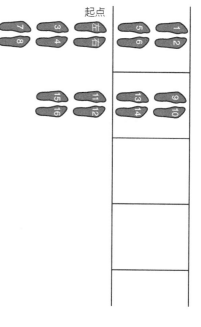

起点

左侧进

目的

提高灵敏性、平衡、协调性和反应能力。

过程

- 采用两点站姿开始。
- 开始时站在梯子的旁边。
- 左脚踏进第一格。
- 右脚向前一步，越过第一格，落在梯子另一侧。
- 左脚横向踏一步，进入第二格。
- 右脚横向踏一步，进入第三格。
- 右脚后退一步，落在第二格前面。
- 重复此步骤，完成整条绳梯。

右侧进

目的

提高灵敏性、平衡、协调性和反应能力。

过程

- 采用两点站姿开始，站在梯子的旁边。
- 右脚踏进第一格。
- 左脚向前一步，越过第一格，落在梯子另一侧。
- 右脚横向踏一步，进入第二格。
- 左脚后退一步，落在第二格前面。
- 右脚横向踏一步，进入第三格。
- 重复此步骤，完成整条绳梯。

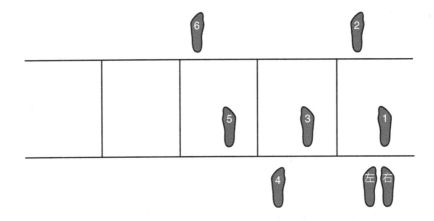

向后回转跳

目的

提高灵敏性、平衡、协调性和反应能力。

过程

- 采用两点站姿开始，背对梯子。
- 跨过绳梯的侧带，左脚在格子里面，右脚在外面。
- 向后跳过绳梯，跨过对面的侧带，右脚在格子里面，左脚在外面。
- 继续沿着梯子执行这个过程（见右图）。

变化

熟练后可以用单脚执行该训练。

向后转体跳

目的

提高灵敏性、平衡、协调性和反应能力。

过程

- 采用两点站姿开始。
- 开始时站在梯子的一端，面向梯子。
- 保持双脚并拢，执行一系列转四分之一圈的跳跃（见右图）。
- 双脚每次跳跃的方向如下：后，右，后，左，以此类推。
- 该训练通过在向后移动时的每一跳来增强髋关节旋转的能力。

向后粘滑步

目的

提高灵敏性、平衡、协调性和反应能力。

过程

- 采用两点站姿开始。
- 开始时站在梯子旁边，背对梯子。
- 后撤步，左脚进入第一格（见图a）。
- 右脚随之进入第一格（见图b）。
- 左脚向后滑步，落在第二格前面。
- 右脚随之落在第二格前面。
- 重复此步骤，完成整条绳梯。

向前绳梯之字形

目的

提高脚步协调性，以及外展肌群和内收肌群的柔韧性。

过程

- 在绳梯的一侧，采用两点站姿开始。
- 横跨一步进入第一格，外侧的脚在前面与内侧的脚交叉，单独落在格子里（见图a和b）。
- 沿梯子继续横向跨步，外侧的脚始终在前面与内侧的脚交叉，单独落在格子里（见图c和d）。

向后绳梯之字形

目的

提高脚步协调性，以及外展肌群和内收肌群的柔韧性。

过程

- 采用两点站姿开始。
- 开始时站在绳梯的一侧，背对梯子。
- 横向后撤步进入第一格，外侧的脚在前面与内侧的脚交叉，单独落在格子里（见图a和b）。
- 沿梯子继续横向后撤步，外侧的脚始终在前面与内侧的脚交叉，单独落在格子里（见图c和d）。

向前之字形同进

目的

提高外展肌群和内收肌群的柔韧性，以及脚步协调性。

过程

- 采用两点站姿开始。
- 站在绳梯的右侧，右脚横跨一步，与左脚交叉，进入第一格。
- 左脚横跨一步，位于右脚后面，落在梯子的左侧。
- 将右脚放在左脚的内侧。
- 右脚向前横跨一步，进入第二格。
- 左脚与右脚交叉，落在绳梯的右侧。
- 将右脚放在左脚的外侧的后方。
- 沿绳梯继续此模式。

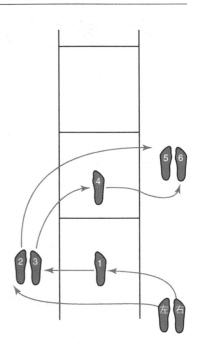

向后之字形同进

目的

提高脚步协调性,以及髋部外展肌群和内收肌群的柔韧性。

过程

- 采用两点站姿开始。
- 站在绳梯的左侧,背对梯子。
- 左脚向左侧后退一步,进入第一格。
- 右脚横向向后,在左脚后面,梯子第二格的右侧。
- 左脚向后踏一步,进入第二格。
- 右脚横向向后,在左脚后面,梯子第三格的左侧。
- 沿绳梯继续此模式。

向后滑步跳

目的

提高柔韧性、步法、腹股沟区域的力量,以及变向能力。

过程

- 采用两点站姿开始,在绳梯的左侧,背对梯子。
- 滑步跨过梯子,将右脚放进第一格,然后左脚进入格子。
- 双脚后退到第二格,右脚在第二格中,左脚在第二格的左侧。
- 滑步跨过梯子,左脚进入第二格中,右脚到第二格的右侧。
- 继续此形式至绳梯的末端。

灵敏性

144

绳梯—向前滑步交换跳

目的

提高柔韧性、步法和腹股沟区域的力量。

过程

- 采用两点起始站姿，站在绳梯的左侧。
- 滑步跨过绳梯，将右脚放进第一格，然后左脚进入格子，同时右脚跨到格子的右侧（见图a和图b）。
- 双脚前进到第二格，左脚在第二格中，右脚在第二格的右侧（见图c和图d）。
- 滑步跨过绳梯，右脚进入第二格中，左脚到第二格的左侧。
- 继续此训练模式至绳梯的末端。

绳梯—向前交叉步交换跳

目的

提高脚步的协调性、外展肌和内收肌的柔韧性，以及变向能力。

过程

- 采用两点起始站姿。
- 从绳梯的左侧开始，左脚完成交叉步，踩于右脚前方，进入第一格（见图a）。
- 将右腿横跨于第一格的右侧。（见图b）。
- 左腿横跨一步，稍在第一格的右侧外面。
- 右腿交叉步，右腿在左腿前，进入第二格（见图c）。
- 将左腿横跨于第二格的左侧（见图d）。
- 右腿横跨一步，稍在第二格的左侧外面。
- 按照这样绳梯的训练模式继续完成。

146

绳梯—向后交叉步交换跳

目的

提高脚步的协调性、外展肌和内收肌的柔韧性，以及变向能力。

过程

- 采用两点起始站姿，站在绳梯的左侧，面向后方。
- 右脚完成交叉步，踩于左脚前方进入第一格。
- 将左脚横跨于第一格的右侧。
- 右腿横跨一步，稍在第一格的右侧外面。
- 左腿交叉步，左腿在右腿前面，进入第二格。
- 将右脚放在左脚后面，第二格的左侧。
- 左腿横跨一步，左脚稍在左侧外面。
- 沿绳梯继续此训练模式。

147

绳梯—滑行交叉步

目的

提高髋关节的柔韧性和爆发力；提高变向的能力。

过程

- 站姿，绳梯在身体的右侧。
- 左脚交叉步，踩于绳梯第一格。
- 右脚横跨一步，踩于绳梯第一格的右侧。任何时候都只有一只脚在绳梯里面。
- 立刻右脚交叉，踩于绳梯的第二格。
- 左脚横跨一步，踩于绳梯的左侧。
- 重复。

绳梯—之字形交叉滑步

目的

提高步法、外展肌和内收肌的柔韧性，以及变向的能力。

过程

- 采用两点起始站姿。
- 从绳梯的左侧开始，使用交叉步，左脚在右脚前面，进入第一格。
- 将右脚放在左脚后面，第一格的右侧。
- 左脚横跨一步，左脚稍在第一格的右侧外面。
- 交叉步，右腿在左腿前面，进入第二格。
- 将左脚放在右脚后面，第二格的左侧。
- 横跨一步，右脚稍在第二格的左侧外面。
- 沿绳梯继续此训练模式。

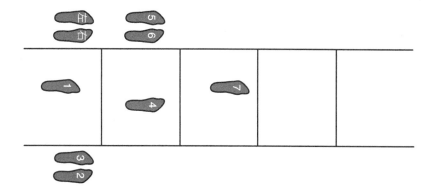

149

绳梯—快跑 + 冲刺

目的

发展灵敏性、平衡性、协调性、反应和不同技能之间的过渡。

过程

- 沿着绳梯的方向向前移动，一步接一步地进入绳梯的每一个格子。
- 以左脚启动为开始并在随后的跑动中以左脚引导（见图a）。
- 跑完梯子后，立刻向正前方，或向右、向左冲刺15码（见图b）。
- 为了增加训练的难度，让一位教练或训练员在梯子的末端指挥冲刺的方向。

灵敏性

154

沙袋训练

沙袋—变向训练

目的

发展变向能力和快速脚步移动。

过程

- 从两点站姿开始。
- 从沙袋一端的右侧开始，向前冲刺，到达下一个沙袋的左侧。
- 将外侧的脚放在沙袋的一端，用爆发性的侧滑步向着下一个沙袋的另一端前进。
- 完成冲刺，跑过所有的沙袋。

变化

- 改变沙袋之间的距离及其方向。
- 在训练中完成多种运动技能组合。

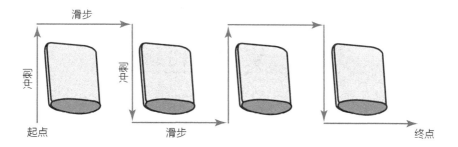

151

沙袋—穿行训练

目的

发展柔韧性、高抬腿动作和快速脚步动作。

过程

- 采用两点起始站姿。
- 使用四个沙袋，从第一个沙袋的外侧开始，向前冲刺，直到在沙袋的前面。
- 向右滑步，直至到达沙袋之间的空地，但在侧向移动时不要交叉双脚。
- 快速后撤步，直到越过沙袋一步。
- 再次使用滑步，直至到达最后一个沙袋的外侧。记住要始终保持肩膀平直，保持两点站姿，同时保持抬头；使用良好的跑步姿势，同时移动得尽可能快。

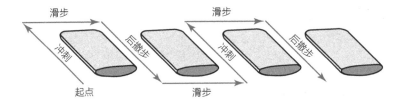

152

沙袋—横向穿行训练

目的

发展快速脚步动作和反应。

过程

- 采用两点起始站姿，双手和手臂离开身体。
- 迅速横向侧跨步跨过三四个沙袋的右侧或左侧。
- 跨过最后一个沙袋后，立即调转方向。
- 一旦跨过最后一个沙袋，向前冲刺5码。

变化

增加接球训练。

沙袋—之字形滑步

目的

发展脚步协调性、外展肌和内收肌的柔韧性，反应速度以及力量。

过程

- 采用两点起始站姿。
- 从第一个沙袋的一端开始，右侧或左侧均可，面对一排五个沙袋。
- 对角线滑步，越过第一个沙袋。
- 变换方向，对角线滑步到第二个沙袋的一端；继续滑步通过沙袋。

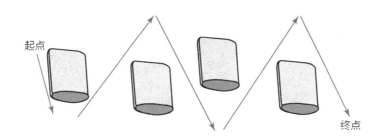

沙袋—轮式训练

目的

发展平衡能力和快速脚步动作。

过程

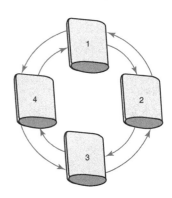

- 放好四个沙袋，如图所示。
- 双手放在中间区域的地上，站在两个沙袋中间。
- 首先用侧跨步跨过每个沙袋，绕所有四个沙袋旋转，同时保持双手与地面接触，直至回到原来的起始位置。
- 快速变换方向，并往回旋转，快速侧跨步跨过所有四个沙袋。
- 快速向沙袋正前方冲刺5码，完成训练。

155

沙袋—向前高抬腿

目的

发展柔韧性、高抬腿动作和快速脚步动作。

过程

- 采用两点起始站姿。
- 向前冲刺过沙袋，采用高抬腿动作，身体略微前倾（见图）。

156

沙袋—向前高抬腿 + 两步

目的

发展柔韧性、高抬腿动作和快速脚步动作。

过程

- 采用两点起始站姿。
- 向前冲刺过沙袋，采用高抬腿动作，身体略微前倾。
- 在每个沙袋之间踩两步。

沙袋—横向跨步

目的

发展柔韧性、高抬腿动作和快速脚步动作。

过程

- 采用两点起始站姿。
- 采用高抬腿动作，朝一个方向横向冲刺过沙袋。
- 从最靠近沙袋的脚开始。
- 用右脚引导跨过沙袋（见右图），然后在反方向时用左脚引导。

沙袋—横向跨步＋高抬腿组合训练

目的

发展横向移动能力和高抬腿动作。

过程

- 将四个沙袋摆放成向前的斜线，彼此相距2码，然后将四个沙袋摆放成一条水平直线，彼此相距2码，使得在斜线的最后一个沙袋在水平直线的第一个沙袋的正后方5码。
- 采用两点起始站姿，双手和手臂离开身体。
- 采用快速的横向斜跨步连续通过第一组的四个沙袋。
- 完成斜线沙袋后，以圆形路线冲刺到第一个水平线沙袋。
- 转身并使用高抬腿动作直线跑过下一组沙袋。

灵敏性

沙袋—横向跨步 + 两步

灵敏性

目的

发展柔韧性、高抬腿动作和快速脚步动作。

过程

- 采用两点起始站姿。
- 使用高抬腿动作横向冲刺（见图a）。
- 在每个沙袋之间踩两步（见图b和图c）。

沙袋—横向跨步＋触碰

目的

保持低重心的快速脚步动作。

过程

- 采用两点起始站姿，双手和手臂离开身体。
- 横向跨过沙袋，用双手触碰每个沙袋（见图a和图b）。
- 在完成最后一个沙袋后，向前冲刺5码。

161

沙袋—横向跨步 + 冲刺

目的

发展加速、变向和反应能力。

过程

- 采用两点起始站姿。
- 向前冲刺到第一个沙袋的一侧，并用外侧的脚蹬地，快速横向跨过沙袋。
- 一旦跨过沙袋，就用外侧脚蹬地，并冲刺到下一个沙袋；用外侧的脚蹬地，快速横向跨过沙袋。
- 对四个沙袋重复该过程。

162

沙袋—横向跨步 + 向前、向后组合训练

目的

发展变向能力、柔韧性、高抬腿动作和快速脚步动作。

过程

- 采用两点起始站姿，双手和手臂离开身体。
- 横向冲刺过前两个沙袋。
- 冲刺5码到第三个沙袋前面滑步。
- 后撤步5码，并横向跨过第四、五个沙袋。
- 冲刺5码到第六个沙袋前面，滑步。
- 后撤步5码，并横向跨过第七个沙袋。

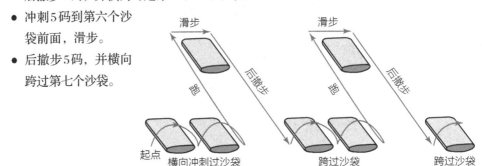

沙袋—双脚跳+转体180度

目的

通过快速伸缩复合训练提高脚步反应速度和髋部的柔韧性。

过程

- 采用两点起始站姿。
- 横向跳过第一个沙袋，在空中转体180度（见图a）。
- 在两个沙袋之间着地（见图b），并立即跳过第二个沙袋，向另一个方向转体180度（见图c）。
- 跳跃并转体，完成四到六个沙袋。

灵敏性

灵敏性

164

后退跑

目的

动员髋关节和大腿，让它们在最大的活动范围内运动，并推动你向后移动。

过程

- 准备姿势与向前跑相同。
- 向后蹬地，让脚跟尽可能靠近臀部。
- 流畅地完成移动。

165

后撤步 + 冲刺—直线

目的

发展髋部的旋转能力。

过程

- 采用两点起始站姿，背对路线。
- 后撤步5码，向右转动髋部，并冲刺5码，保持在线上，眼睛看着起点。
- 向左转回去，后撤步5码，向左转动髋部，并冲刺5码，保持在线上，眼睛看着起点。

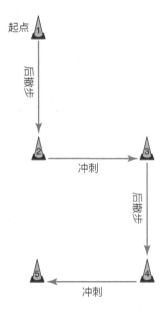

后撤步 + 冲刺—W 形

目的

　　发展变向能力。

过程

- 采用两点起始站姿。
- 以45度角后撤步10码。
- 以外侧脚支撑，以45度角向前冲刺10码。
- 重复两次。

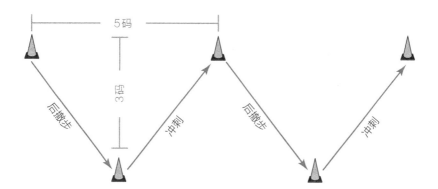

后撤步 + 高抬腿 + 冲刺

目的

发展变向能力和快速脚步动作。

过程

- 采用两点起始站姿。
- 快速后撤步15码。
- 在15码处，双脚站稳，用快速高抬腿向前5码，然后冲刺10码。
- 重复3次。

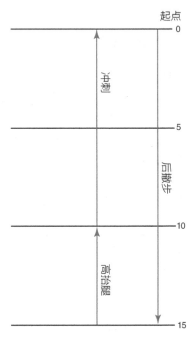

168

后撤步—穿行

目的

发展后撤步技术。

过程

- 采用两点起始站姿。
- 以穿行方式后撤步15码，每3 ~ 4码改变一次方向。

迷你栏架训练

迷你栏架—横向高抬腿

目的

发展横向的爆发式变向能力。

过程

- 采用两点起始站姿。
- 横向冲刺，跑动跨过迷你栏架（见图）。
- 专注于提膝，并快速、爆发式摆臂。
- 在末端变换方向，并以相同的方式返回。

迷你栏架—横向高抬腿 + 抗阻

目的

发展抗阻的和助力超速的横向爆发式变向能力。

过程

- 采用两点起始站姿。
- 戴上运动绳索，将其连接到一个固定物体，或由一名教练或运动员拉着它，横向冲刺，跑过迷你栏架（见图）。
- 专注于提膝，并快速、爆发式摆臂。
- 在末端变换方向，并以相同的方式返回。

全身灵敏性

前滚翻

目的

发展全身灵敏性和动作知觉意识。

过程

- 采用两点起始站姿（见图a），左脚在前。
- 弯下腰，并开始向前倒下（见图b）。
- 在即将与地面接触时，以左肩为轴翻滚（见图c）。
- 翻滚并重新站起来（见图d和e）。
- 以两侧肩膀为轴，并以任意一只脚在前，完成前滚翻。

变化

- 在翻滚之前或之后添加任意方向的冲刺。
- 在翻滚之后对任意刺激做出反应（例如视觉提示要跑到一个标志桶处）。
- 在翻滚之后添加一个专项运动技能。

后滚翻

目的

发展全身灵敏性和动作知觉意识。

过程

- 采用两点起始站姿。
- 双腿弯曲，并开始向后坐在自己身后的地面上（见图 a）。
- 在即将与地面接触时，以左肩为轴向后翻滚（见图 b）。
- 继续翻滚并重新站起来（见图 c 和 d）。
- 分别以两侧肩膀为轴完成后滚翻。

变化

- 在翻滚之前或之后添加任意方向的冲刺。
- 在翻滚之后对任意刺激做出反应（例如视觉提示要跑到一个标志桶处）。
- 在翻滚之后添加一个专项运动技能。

前滚翻＋后滚翻

目的

发展全身灵敏性和动作知觉意识。

过程

- 采用两点起始站姿。
- 完成前滚翻至双脚着地。
- 立即用手推地，完成一个后滚翻。
- 你可以用跪姿开始和结束该训练，以减少幅度和难度。

变化

- 在翻滚之前或之后添加任意方向的冲刺。
- 在翻滚之后对任意刺激做出反应（例如视觉提示要跑到一个标志桶处）。
- 在翻滚之后添加一个专项运动技能。

灵敏性

除了专项运动训练以外，灵敏性训练可能是预测运动成绩的主要决定因素。运动不仅仅是直线向前的；它们需要方向的变化，要求同时使用在多个移动平面中的横向移动。因为在运动中的移动是从不同的身体姿势发起的，运动员需要能够从这些不同的姿势通过力量、爆发力和反应速度去做出反应。不幸的是，由于重视各项运动的身体条件，休赛期的计划重点往往只与力量和体能训练有关。灵敏性和速度的发展在专项运动速度中往往会被忽视，或者在赛季前只获得很短时间的关注。灵敏性是随着训练时间，多次重复来发展的神经能力（Halberg，2001）。研究人员发现，对于发展灵敏性来说，增加速度和力量并不如参加专门为发展灵敏性而设计的训练有效（Barnes和Attaway 1996；Cissik和Barnes，2011）。

如今，运动员在运动中的表现已大幅提高取得成功所必需的灵敏性水平。更好的灵敏性与发展运动时机、节奏及移动之间有着直接的关系（Costello和Kreis，1993）。灵敏性训练为运动员提供了运动表现优势：神经肌肉适应、更好的运动能力、预防受伤以及更短的康复时间。一个全面的灵敏性方案将解决灵敏性的各个组成部分，如力量、爆发力、加速、减速、协调性、平衡和动态柔韧性。当指导运动员完成灵敏性练习的时候，关键是要先强调技术，只有在已经掌握技术之后，才能强调移动速度。在为运动员设计灵敏性训练方案时，应考虑多个变量：训练因素、训练的顺序、重复次数、组数、练习和训练的持续时间、强度、恢复、负荷、频率、训练选择以及器械。

第6章

反应速度和反应时间训练

黛安·比韦斯（Piane Vives）

运动员的成功运动表现在很大程度上取决于其迅速反应的能力。就运动表现而言，这通常要求运动员能够迅速减速，并同样迅速地加速。无论是在赛跑开始时对发令枪的反应，在篮球场上抢篮板时比对手跳得高，还是在足球场上用假动作让对手失去位置，运动员若拥有更快的反应速度和更好的反应时间（RT），通常会保持竞争优势。

速度、快速性以及即时性都是用于形容反应速度的词。这些术语是指一个对象的移动速度，或在一定量的时间内测量行进的距离。当运动员在较短的时间内完成任务或移动时，他被形容为快速。

当讨论反应速度时，如速度、加速和灵敏性这样的因素并不是始终被明确区分："你看到他加速得多快吗？""她的切入速度快得惊人！""注意那位短跑运动员的快速换脚。"当然，所有这些因素都在一定程度上与反应速度有关。但它们仅仅是速度的组成部分吗？或者反应速度是可以独立训练并提高的，以促进成功的运动表现。

反应时间描述一个人对刺激的快速反应能力，在很多运动中扮演着主要角色。冰球运动员对冰球下落的反应有多快，将决定她能赢得开球的百分比有多少。我们可以提高自己的RT吗？答案是肯定的。在本章中，我们将讨论如何提高专项运动的反应速度和反应时间。我们提供多个练习和训练，从简单到复杂，既包括有针对性的训练，也适用于各种与体育相关的动作。

发展反应速度技能

运动员在完成一定的运动技能时，心中会带有某种最终结果或目的。这些体验过的技能被记录为各种运动模式的记忆，主要存储在大脑的感官区、感觉联合区和运动控制区。这些记忆被称为运动模式的感官记忆痕迹。要学会这些技能，很可能要连续完成相同的技能活动，直到产生运动的记忆痕迹（Guyton，1991）。

新的动作总是会需要稍长一点时间来完善，同时它们的运动模式被烙在记忆痕迹中。如果缓慢地执行，即使是高度复杂的运动技能也有可能在第一次就顺利完成。最初的时候，运动必须足够慢，以产生感官反馈。这样做才可以进行适当的调整，作为改进的指引。然而，当需要学习快速运动的动作时，就必须始终快速执行与该动作相关的运动模式。在任何情况下，都可以从记忆中调出之前已经多次完成的动作。运动员无需集中精神去学习与这些动作相关的运动模式，并且可以将重点放在高速地完成它们。

反应速度训练

在训练进度方面，教练可以采用简单的训练来帮助运动员从局部了解所参与运动的复杂性，并帮助他们提高其相关技能水平，比如，停下并保持正确的身体姿势、最佳的身体角度、支撑脚的位置以及对重心的控制。教练也可以重点提高其运动员的急停能力，保持良好的身体姿势和控制，减少开始加速（即触地阶段），然后立即加速所花费的时间。通过让运动员意识到成功的运动策略，随着时间的推移，并经过多次成功的尝试，他会开始觉得这些运动模式变得越来越无意识，或者成为"第二天性"（Young和Farrow，2013）。这里的重点应该是进展、精确和重复。

在运动员掌握了更多基本的运动模式后，教练可以专注于专项运动的反应速度的真正本质，这包括让运动员在完成技能时受到多种或无序的刺激，以增加对反应的要求。更高级的训练带有更复杂的决策要求（如开放式训练包括更多无序模式），模拟在运动竞技中的更多不可预测的环境。通过完成这些训练，运动员可以继续逐步响应更多的反应要求和身体要求。

当训练反应速度的时候，请记住，运动员在完成练习时所做的动作应始终保持循序渐进的原则：

- 从慢到快。
- 从易到难。
- 从主动到反应。
- 从可预测到不可预测（就反应需求而言）。
- 从低级到高级的快速伸缩复合训练。

反应时间训练

RT可以被视为反应速度的先导。举个例子，运动员必须首先看到对方球员，并确认需要对其做出反应，然后她必须高速移动去完成手头的任务。考虑到在运动赛场上的大部分决策都在200毫秒以内发生，神经处理速率的进步应被视为与所实施的训练方案同等重要（Prentice和Voight，1999；Schmidt和Lee，1998）。事实上，有理由认为，神经处理速率是运动成绩的唯一决定性特征。设想一下。在高水平竞技项目中，每个人都有身体天赋。以职业足球运动员为例。相对于每个位置，他们大多具有相似的身体天赋：类似的速度、力量和弹跳力。然而，有98%仅仅是优秀球员，只有2%才是真正杰出的球员，两者之间有着明显的区别。这怎么可能呢？为什么拥有类似身体天赋的运动员在表现上有如此之大的差异？目前的研究表明，关注神经处理速率，或RT，会让我们更接近这个问题的答案；它表明，大脑的运转速度是体育发展的新领域。

重要的是，要区分经常被误称为RT的一些关键变量。RT被定义为发起一个动作所需的时间长度。如前所述，它包括对刺激的感觉和知觉，以及针对刺激选择适当的反应。但它不包括动作本身。其实，这种动作被称为移动时间。移动时间描述相对于刺激或信号采取动作的时间，不考虑成功与否。因此，在描述运动的动作时，就总响应时间而言，描述运动员对信号的反应会更准确。总响应时间考虑了神经处理速率以及所选择并执行的实际动作。以下各节描述这两个组成部分及与其相关的不同阶段。有一些实际的例子可以帮助大家更好地理解每个组成部分。

神经处理速率

神经处理速率由三个阶段组成：感觉、知觉和响应选择。

感觉 在感觉阶段，环境刺激物作用于运动员的身体。其结果是，电脉冲被发送给大脑，大脑进行大量处理。运动员从物体或环境接收到感知输入（光、声、触觉等）所经过的时间，被称为感觉时间。让我们以排球的接发球为例，在实际环境中解释一下感觉时间。在接发球过程中，接球方的所有6名运动员都必须准备接球。每个运动员都必须判断球是否飞向自己，还要判断球速，以及发球的特点。在这种情况下，球和环境的颜色和边界视觉混合揭示了来球的多个特点，比如，方向、速度和战术意图（Schmidt和Wrisberg，2000）。在感觉阶段中识别这些初始刺激，开始为运动员所面对的情况提供一些意义，并引入神经处理速率的第二个阶段，知觉。

知觉 在知觉阶段，感觉阶段的结果得到进一步处理，从而产生可使用的目标运动模式，为运动员提供更加全面的情境。承认并关联在第一阶段发现的感觉阵列所需的时间长度，被定义为感知时间。我们继续以排球的接发球为例，所有6名运动员将视觉混合（其意义逐渐清晰）与防守球员的声音提示结合，发现这是一个落点较深的右角飘球（注意，声音提示比视觉刺激更快受到注意）（Schmidt和Wrisberg，2000）。此时，每个运动员都必须决定是否有必要响应。然后，在知觉阶段收集的信息被传递到神经处理速率的第三个阶段，响应选择。

响应选择 在响应选择阶段，运动员决定是否有必要响应，以处理刺激。在排球的例子中，所有六名球员都知道，发球是一个落点较深的右角飘球。因此，有五名球员决定没有必要做出任何反应，而有一名球员必须采用适当的姿势做出响应，以成功地传球。对环境刺激进行响应或决定不响应，所需的总时间被称为响应选择时间。请注意，为简单起见，该接发球的例子描述了评估是否要接球所涉及的决定过程。它不考虑在球场上的其他五名球员所需要的无球移动。

移动时间

如前所述，总响应时间的第二个组成部分是移动时间。移动时间是发起并完成特定的动作或任务所需要的时间。它涉及脑干和脊髓控制的神经肌肉组织和协调所需肌肉的机制，以产生足够的力量、减力、稳定力量，以及所用的时间（Clark，2001；Schmidt和Wrisberg，2000）。重要的是要明白，移动时间描述的是发起和完成特定动作所需的时间。它没有描述那个动作是否达到了预期的目标，例如，在接发球中接触到球。

影响总响应时间的因素

虽然心理学家使用刚才所描述的处理模型的各个阶段来简化对运动活动的解释，但在现实中，这一过程是刺激的作用和反应，以及中枢神经系统所执行的评估的连续循环。该循环可以提高神经肌肉的效率。因为构成总响应时间的相关属性，在一个或多个阶段中的操作若有任何改进，都将有利于总响应时间。同样地，一个或多个阶段中的操作若有任何不足，都将是不利的。以下是三个最具影响力的因素，它们直接影响RT，并因此而影响总响应时间。很容易可以看到，对于运动来说，获得良好的神经处理速率不仅可以更胜一筹，而是绝对必要的，并且我们可以通过适当的训练来提高它。

刺激选择

影响发起动作所需时间的其中一个最重要的因素是，在给定的时间有可能提供的刺激选择的数量。在本节中，我们讨论三种不同类型的响应选择（简单、选择和识别），并针对每一种类型提供实际的例子。

简单的反应是三种类型的反应中最快的一种。在这种情况下，只有一个即将来临的信号，以及一个相应的响应。这种反应的一个例子是，在游泳比赛中，运动员在听到发令枪时做出的响应。因为反应的简单性，运动员往往会尝试预测信号何时发生，以缩短其处理时间，并因此而缩短其RT。所以，大多数的比赛使用预备期或侦查试验结合预定的典型RT标准（100毫秒是奥运会标准），以确定运动员是否有预测过信号，或对信号做出反应。在这个例子中，如果游泳运动员在跳台出发时有更好的简单响应时间，她可以在其他运动员刚刚离开跳台时就获得1米的领先。在其他运动项目中，比如足球，运动员对开放球场中的单一刺激响应得越快，他就可以有越多时间射门，或运用

后续的运动技能。这给了运动员第一层的基本反应能力，以提高整体的响应时间和反应
速度。

当运动员面临选择反应时，必须处理在简单反应过程中不需要处理的两个重要组
成部分：信号区分和响应选择。前一个术语指的是确定有哪些信号发生，而后者指的
是基于信号特异性选择适当的响应。选择反应时间是指从若干个未预料到的可能信号
之一的出现到若干个可能的响应之一的开始所经过的时间间隔（Schmidt 和 Lee，1998；
Schmidt 和 Wrisberg，2000）。因此，感知时间越长，其结果就是 RT 越慢。美式橄榄球
提供了一个例子，当跑锋在球场的空档处带球跑动时，遭到防守球员的拦截，他可以选
择以切向左路或切向右路作为响应，因为这两个选择都可用。选择反应越快，带球跑动
的跑锋就越有可能领先于防守球员，并获得码数。

在有多种信号即将出现，但只有一个正确响应的情况下，识别反应就会发挥作用。
在这种情况下，当出现一个信号时，运动员做出一个反应，但对其他信号的出现拒绝反
应。因此，RT 会比简单反应，甚至比选择反应都慢得多。以正在控球并在球场上运球
的篮球运动员为例。她评估队友的位置和在她面前的防守球员，听到身后的队友呼唤她
传球，并且区分出哪个正在逼近的对方球员是最大的威胁。然后，她可以选择头上传球
给一个较远的队友，送出一个击地传球给较近的队友，或者用假动作欺骗她面前的对
手，并继续运球冲向篮筐。在这种情况下，运动员区分所出现的信号，选择要响应哪个
信号，然后在对所选择信号的几个可能的响应中进行选择。固有的复杂性对整体响应时
间造成了更多的要求。

预判

此时，可能有人会认为，运动员将受到被延长的 RT 所困扰。但在现实中，随时保
持警惕的运动员可以利用丰富的信息来计划和处理未来的移动。对付潜在的 RT 较长的
两个基本手段是，预判可能会发生什么特定事件，以及何时发生。心理学家使用空间预
判和时间预判这两个术语来分别描述这两种策略。

空间预判，也被称为事件预判，被定义为运动员预测在给定情况下将要发生的事
情的能力（Schmidt 和 Lee，1998；Schmidt 和 Wrisberg，2000）。这个策略让运动员可
以针对某信号预先计划其未来的动作，因此，消除神经处理速率的第二和第三个阶段。
当成功地完成时，空间预判为运动员提供了巨大的优势，可以将 RT 缩短多达 40 ~ 80
毫秒。然而，当执行有误时，这个策略会导致灾难性的后果，往往让运动员花费长达
200 ~ 300 毫秒的 RT（Prentice 和 Voight，1999）。在足球场上罚点球的过程中，可以
看到空间预判的例子。在这种情况下，例如守门员预判罚球球员会将球踢到球门的右
上侧。

时间预判被定义为运动员预测在给定情况下事件将在何时发生的能力（Schmidt和Lee，1998；Schmidt和Wrisberg，2000）。在美式橄榄球的发球过程中，在四分卫和防守线卫之间的战术互动正是这一策略的一个很好的例子。在发球过程中，四分卫通过呈现精心策划的视觉和听觉线索，试图吸引其对手越位，同时与其进攻球员沟通何时移动。

正如人们所看到的，空间预判和时间预判的组合让经验丰富的运动员可以更快发起其行动，或与环境的要求更加相关的时间发起行动（Schmidt和Lee，1998）。为简单起见，上述这些策略的实际应用被表示为独立的事件。但在现实中，运动员的比赛环境是连续的听觉、视觉和触觉信号流，她必须随时检测和处理其中的线索，以获得优于对手的竞争优势。这种高效解读环境所产生的连续信号流的能力，让最优秀的运动员可以完成一个动作，同时处理下一个，和很可能在此之后的一个动作（Jeeves，1961；Leonard，1953；Prentice和Voight，1999；Schmidt和Lee，1998；Schmidt和Wrisberg，2000）。

专项技能的练习

特异性法则指出，训练期间发生的执行适应程度，与训练方案和竞赛之间在技巧、神经肌肉和代谢方面的相似性是密切相关的（Clark，2001）。换言之，练习与运动员所训练的目标实际活动在移动技巧、移动速度、能量代谢和心肺机能方面越相似，训练效果的转化程度就越高（Clark，2001）。因此，如果棒球运动员需要提高其击球能力，要建议的最佳活动一般是击打练习。

就总响应时间而言，有两个主要元素主宰选择响应时间，分别是专项技能的练习量，以及练习与功能运用的相关性。简单地说，专项技能的练习量越大，就会导致越短的处理时间和越快的选择反应时间。实现功能训练的熟练化，将带动有意识程序转化为无意识程序（Prentice和Voight，1999）。因此，对给定刺激的响应被存储为触发响应，并且最终在无需连续参考有意识过程的情况下执行（Clark，2001；Prentice和Voight，1999）。触发响应为受训运动员提供一个巨大的好处，因为对运动员的速度的影响可以忽略不计，这是一个额外的好处。

反应速度和反应时间训练

如上所述，为了提高反应速度和运动表现中的RT而发展的技能，在针对特定任务时会取得最好的效果。增加特定姿势的练习体验可以提高运动员从自己的环境中提取相关信息的能力，使其在不同的比赛情况下可以快速且高度准确地做出响应选择。这种练习也让受训运动员可以摒除错误的信号；消除来自环境的干扰，以及听觉、视觉和精神的"噪音"；并缩短感知和响应选择时间。在完成这一切的同时，还可以提高针对各种环境信号选择动作的准确度。然后，又通过更高的动作速率，导致运动员更快地移动。

　　说了这么多，理解为了提高反应速度和运动表现中的RT而发展的技能必须深嵌到微观层面，但仍有许多方法可以将本章所讨论的因素纳入宏观层面，以改善整体RT，通过身体快速反应和更快的速度来提高整体运动能力。教练应该在其运动处方中考虑到特异性法则，并根据运动员的具体需求来定制练习。

174

实心球—斗牛训练

目的

提高反应速度和弹性力量。

过程

- 面对搭档站立。
- 采用胸前传实心球的方式，在一个圆圈中移动传球（见图）。

变化

- 以一个运动员主导，并可以随意改变方向。另一个运动员做出反应并跟随。
- 使用交叉步完成训练。

实心球—横向滑步＋传球

目的

提高反应速度和弹性力量。

过程

- 面对搭档站立。你的行进距离取决于实心球的重量：球越轻，滑行的越远。
- 横向滑步，同时沿预定路线在胸前来回传球（见图）。
- 当到达目标距离的时候，折返并继续传球。

变化

- 以一个运动员为主导，可以随意改变方向。另一个运动员做出反应并跟随。
- 使用交叉步进行训练。

反应

实心球—下蹲、推掷、反弹并接球

目的

提高快速反应力量和弹性力量以及全身爆发力。

过程

- 首先，拿着一个橡胶实心球（可以反弹的实心球），放在胸前，同时开始下蹲，然后把实心球向高处和远处投出（见图 a 和图 b）。
- 你必须快速追球，并在实心球反弹两次之前接住它。

反应

实心球—前抛、反弹并接球

目的

增强全身爆发力和快速反应力量。

过程

- 当下蹲时在双腿之间摆动实心球，然后把实心球向上向前抛出，大约与肩同高时出手（见图a和图b）。
- 向着抛球的方向冲刺，并试图在实心球反弹两次之前接住它。

反应

178
两人搭档—快速接掉落的球

目的

提高视觉刺激的反应和第一步的快速反应。

过程

- 搭档站在距离你5 ~ 10码处，从肩部高度将球投下（可以选用专项运动的专用球）（见图a）。
- 你必须在第一次反弹后、第二次反弹前接住球（见图b）。

变化

- 可以针对相应的技能水平调整丢球的高度，或者两位搭档之间的距离。
- 双手各拿一个球增加快速反应的难度。

反应

守门员训练

目的

提高上肢的反应速度。

过程

- 你是守门员，搭档是射手。
- 搭档向着球门传出高球或低球，球门由一条线和标志桶界定（见图a）。
- 尝试使用双手阻止球越过球门线（见图b）。
- 交换角色并重复。

变化

使用弹力绳将腰与双手的手腕连接。

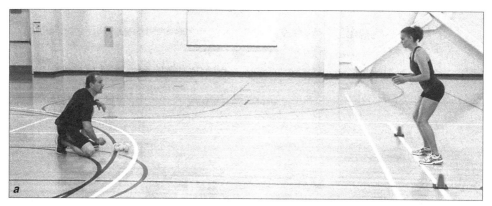

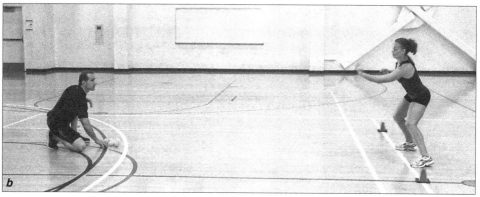

双人搭档—盲掷

目的

改善上肢和下肢的反应速度和反应时间。

过程

- 以准备姿势站立。
- 搭档站在你身后，将一个网球或弹力球扔过你的一侧肩膀（见图a）。
- 当看到球的时候做出反应，冲刺并在球反弹两次之前接住它（见图b）。

变化

用反应球（六角球）来完成此训练。

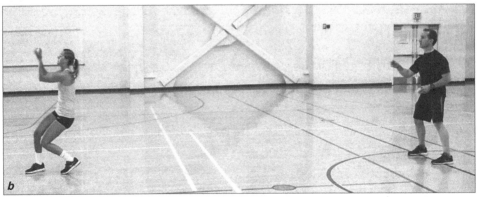

181

健身球——冲击＋稳定训练

目的

加强核心力量，提高身体吸收冲击的能力。

过程

- 采用双手撑在球上的俯卧撑姿势，保持核心（腹肌、腰背部和臀部）收紧（见图a）。
- 放开球，让自己落在球上，对上腹部造成冲击（见图b）。
- 当你从球上弹起来时，用手固定双臂并锁紧。

变化

- 弹起来时伸手触摸一个目标。
- 弹起来时双手在身体后面拍手。

反应

健身球—跳跃训练

反应

目的

提高上肢推起肌肉群的反应速度。

过程

- 双脚放在健身球上，双手放在地上（俯卧撑姿势）。
- 双手前后跳，左右跳，用双脚保持球的平衡（见图a～c）。
- 不要让腹部和臀部下垂。保持坚挺的身体姿势。

手推车训练

目的

提高上肢和核心的爆发力。

过程

- 搭档抓住你的双脚，你用双手完成预定的训练模式或任务（见图a和图b）。
- 尽可能快地完成，同时保持身体挺直。

变化

- 完成跳跃，而不是双手交替前进。
- 用双手完成横向滑步，或走圆形。
- 对训练进行计时，以判断进步情况。
- 利用视觉提示，如绳梯、迷你栏架或圆点地标。

反应

184

快速伸缩复合式俯卧撑

目的

提高上肢推起肌肉群的反应速度。

过程

- 从俯卧撑支撑位开始，完成一个爆发式俯卧撑（见图a～c）。
- 双手应该离开地面，手和地面的空间应尽可能的大。完成时手臂伸直。
- 在落地的时候，双臂保持收紧，但不要锁住。在地面停留的时间越短越好，并完成下一个爆发式俯卧撑。

变化

你与搭档都采用俯卧撑姿势，并且头部朝向同一方向；彼此相距1码或米。完成俯卧撑并拍手。搭档对你的动作做出反应，完成同样的俯卧撑，并试图同时拍手。

实心球—面墙 + 胸前传球

目的

提高全身爆发力的传导。

过程

- 面对墙，完成胸前传球（见图 ）。
- 用伸直的双臂接球，然后完成下一次传球。
- 训练采用任意的重复次数、训练时间或不同的传球距离来完成。

变化

- 用单臂完成训练。
- 完成训练时沿墙壁的方向来回横向移动。

反应

实心球—双人搭档抛球 + 俯卧撑

目的

提高上肢椎起肌肉群的反应速度。

过程

- 从跪姿开始，将实心球前抛给搭档，然后自然下落，并完成一个俯卧撑（见图 ）。
- 向上推回至起始位置，同时搭档回传实心球。
- 以尽可能快的速度重复该练习。

187

实心球—面墙 + 侧推球

目的

提高旋转爆发力的技巧和变向能力。

过程

- 从运动姿势面对墙壁开始，将实心球放在身体一侧（见图）。
- 推球，使其直接击中自己前面的墙壁。
- 接住弹回来的球，利用动量为身体蓄力，并立即反向推球，完成下一次重复。

变化

- 使用不同的站姿，如垂直于墙壁。
- 使用平行站姿，推球，使它反弹到身体的另一侧。

188

实心球—面墙 + 高抛

目的

加强全身的伸展能力、反应速度和爆发力。

过程

- 采用直立运动姿态，双手持实心球，面对墙壁。
- 迅速下蹲，并伸展全身（见图）。
- 尽可能快地对着墙抛球，同时保持背部收紧和深蹲姿势。
- 在规定时间内或按预定的重复次数完成此训练。

变化

- 完成向后的反向高抛。
- 完成跳远，然后高抛。

实心球—面墙 + 头上抛球

目的

提高投掷和过头活动的爆发力。

过程

- 双手将球举在头部上方稍后的位置，伸展全身（见图）。
- 用双手将球扔到墙上，并用双手接住它。
- 保持平行站姿，在蓄力（或准备投掷）阶段，双脚平放。

变化

- 在将球掷出时向前一步（两腿交替）。
- 采用跪姿投球。
- 采用双腿站立姿势，单臂投球。
- 采用单腿站立姿势，双臂投球。
- 用单腿保持平衡，用单臂或对侧手臂将球投向支撑腿的同一侧。
- 用双臂投球，并结合多方向跳跃训练。

反应

实心球—单臂支撑＋俯卧撑

反应

目的

提高上肢推起肌肉群的爆发力和反应速度。

过程

- 从俯卧撑姿势开始；身体保持笔直，一只手放在实心球上。
- 身体下降到俯卧撑姿势，并用放在地上的手爆发式用力推离地面（见图a和图b）。
- 在整个练习过程中，放在球上的手始终保持在球上面。推离地面的手离开地面，直到与实心球同高或刚刚超过其高度。
- 务必以受控的方式将手放回地面，然后，一旦手与地面接触，马上重复爆发式推离地面。
- 目标是通过在地面上的手提供爆发式推力，尽可能减少与地面接触的时间。

实心球—俯卧撑 + 横向移动

目的

提高上肢推起肌肉群的爆发力和反应速度。

过程

- 从俯卧撑姿势开始；身体保持笔直，一只手放在实心球上，并且双肩平行于地面。
- 身体下降到俯卧撑姿势，并用手爆发式横向推地，使自己的身体越过实心球，并让另一只手落在球上（见图a～c）。
- 双脚应该保持与髋同宽，核心应该在整个移动中保持收紧。

反应

俯卧撑 + 横向移动

目的

提高上肢推起肌肉群的反应速度。

过程

- 从俯卧撑下落支撑位开始，双手放在肩部的下方（见图 a）。
- 爆发式用力将自己向上推到空中（见图 b）。
- 以俯卧撑下落支撑位落地并重复（见图 c）。

变化

- 以俯卧撑推起支撑位开始，双手与肩同宽。
- 当下落进入俯卧撑支撑时，双手向外打开，比肩部更宽。
- 爆发式向上推起，在空中双手向后滑至肩部下方。

a

b

c

反应

箱子—俯卧撑＋横向移动

目的

提高上肢推起肌肉群的爆发力和反应速度。

过程

- 从俯卧撑推起支撑姿势开始，一只手放在箱子或台阶上，另一只手放在地上。
- 下落至地面（见图a）。
- 爆发式向上推起到空中，下落时换一只手放在箱子或台阶上，另一只手在地上（见图b和图c）。
- 尝试尽可能快地推离地面。

爆发式斜拉

目的

　　提高上肢拉起肌肉群的爆发力和反应速度。

过程

- 首先将直径至少2英寸（约5厘米）且表面不光滑的绳子挂在一条安全杆上，或穿过安全钩。
- 拉住绳子，手臂伸直，身体倾斜45度，核心保持伸直且收紧（见图a）。
- 爆发式拉动绳子，迅速提升自己的身体（见图b和图c）。
- 重新抓住绳子并重复。

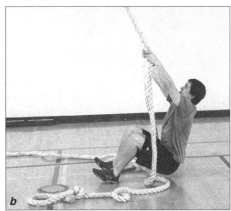

跳　绳

目的

提高下肢的反应速度和弹性力量。

过程

- 使用跳绳并跳到地面上的指定位置。
- 训练可以采用双腿或单腿进行。

变化

- 可变模式：在跳绳的同时根据命令模式的改变，做出快速反应，该变化可用双腿或单腿来完成。
- 跳大绳：采用加重的绳子完成训练。
- 侧跳：从左侧或右侧完成训练。手臂和腿的顺序节奏应始终保持不变。在所有跳跃训练中，该训练可能是最具挑战性的。

踝关节跳跃训练

目的

提高下肢的反应速度和弹性力量。

过程

- 只用脚踝完成跳跃（见图a和图b）。
- 在地面上停留的时间越短越好。

变化

- 跳过地面上的一条线，前后或左右连续跳。
- 使用不同的姿势和脚部位置，双脚并拢、错开、脚尖向内，或者脚尖向外。

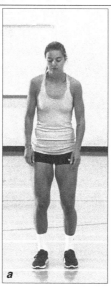
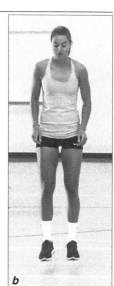

195

196

199

剪式跳跃训练

目的

提高髋关节的反应速度，增强平衡能力。

过程

- 以双脚错开的站姿开始，膝关节和髋关节略有弯曲（见图 a），然后跳离地面。
- 在空中的时候，双脚交换位置，并以错开的姿势落地，另一只脚在前（见图 b 和图 c）。
- 保持躯干挺直，避免躯干前倾。
- 尽可能快的完成预定的重复次数或时间。

变化

- 为了增加训练强度，使用分腿跳跃，更长的错开式站姿和更低的重心。
- 每一跳都向前或向后移动。

横向滑冰训练

目的

提高变向能力和第一步的横向反应速度。

过程

- 开始时双脚并拢，用一条腿横向蹬地（见图a和b）。
- 落地后，立即向相反的方向蹬地，继续完成预定的重复次数或时间（见图c）。
- 为了发展反应速度，在指定时间（10秒或以内）内完成尽可能多的重复。

变化

斜向跳跃，提高横向和向前的移动能力。

反应

团身跳跃训练

目的

提高下肢的爆发力。

过程

- 采用准备发力姿势站立，通过向后摆动双臂，同时弯曲髋关节和膝关节，帮助下肢蓄力（见图a）。
- 当手臂向前摆动并贴紧身体时，开始伸展髋关节、膝关节，最后是踝关节。
- 垂直跳起后，双膝收向胸部（见图b）。
- 落地后，采用相同的技术立即重复训练。
- 为了提高反应速度，要在指定时间内尽可能快地完成训练，同时计量重复次数，或者尽可能快地完成固定的重复次数。

变化

- 完成跳跃，在旁边较短距离的位置落地，或增加旋转，每次落地方向与起始方向呈90度。
- 单腿完成训练。
- 完成屈体跳，在屈体的时候保持双腿伸直。
- 完成训练时向前、向后或左右移动。

反应

纵 跳

目的

提高下肢的反应速度和爆发力。

过程

- 双脚与肩同宽站立（膝关节和髋关节弯曲，保持预拉伸姿势，手臂后摆，肩膀在脚尖上方），迅速下降到发力姿势。
- 完成纵跳，依次伸展踝关节、膝关节和髋关节，然后手臂向上伸直到空中（见图）。

变化

落地后，双腿立即重新蓄力并完成另一次纵跳，在地面上停留的时间越短越好。

立定跳远

目的

提高下肢的爆发力。

过程

- 双脚分开站立，与肩同宽，或稍窄。
- 双腿蓄力，通过弯曲膝关节和髋关节，手臂后摆。
- 通过伸展双腿和双臂前摆来帮助向上并向前推动身体。

障碍跳跃训练

目的

提高下肢的爆发力和反应速度。

过程

- 使用某个物体作为障碍（跨栏、标志桶、箱子），利用髋关节、膝关节和踝关节的伸展向前跳，推动身体越过障碍（见图a和图b）。
- 保持垂直的身体姿势，将膝盖收向胸部，同时越过障碍物。
- 使用双臂摆动来保持平衡，并帮助获得垂直高度。

变化

- 在跳跃后完成变向和冲刺。
- 横向障碍跳：该变化与障碍跳只有一点要求不同，即横向越过障碍物。开始与障碍物平行站立。使用如前所述的蓄力动作，但现在要横向推动身体越过障碍。落地后，手臂和双腿再次蓄力，并立即横向跳过障碍物。尽可能快地继续完成一组跳跃次数或时间的训练。
- 单腿障碍跳：这种变化与障碍跳只有一点要求不同，就是一直用一条腿完成训练。这对跳跃增加了很高的难度，首先应该使用较矮的障碍物，然后逐渐增加高度。

障碍跳—变向＋冲刺

目的

提高下肢的爆发力和反应速度。

过程

- 设置一个障碍物（比如跨栏、标志桶或沙袋），并在与障碍物呈45度角的前方大约10码放置两个标志桶；你的教练站在标志桶之间，面向你。
- 伸展髋关节、膝关节和踝关节，跳过障碍物（见图a）。
- 当你在空中时，你的教练发出视觉或听觉信号，要求向左侧或右侧冲刺。
- 当双脚触地时，髋部立即采用开放姿势，并驱动第一步向所指示的方向冲刺（见图b）。

变化

跳过障碍后，使用一次交叉步后向预期的方向冲刺。

反应

204

快速转髋跳跃训练

目的

提高下肢的爆发力和反应速度。

过程

- 跳跃时下肢快速转髋。
- 目标是实现快速跳跃转髋的动作，不要有过多的垂直位移。
- 与地面接触的时间越短越好。
- 肩膀在同一水平面上向前移动。

205

弓步跳跃训练

目的

提高下肢的爆发力和反应速度。

过程

- 弓步姿势，将重心转移到前腿（见图a）。
- 前腿蹬地，形成向前的运动，然后双脚落地（见图b和图c）。
- 另一条腿向前弓步，并重复动作。

箱子—横向蹬伸训练

目的

提高下肢的爆发力和反应速度。

过程

- 使用高度不超过你的小腿一半高度的箱子（或台阶）。
- 将一只脚完全放在箱子上，身体微微前倾，让肩膀在箱子边缘的上方（见图a）。
- 用放在箱子上的脚迅速蹬伸，并在空中交换脚（见图b）。
- 落地时，后脚的脚踝应保持紧绷，这有利于快速反弹，或弹性反应（见图c）。
- 目标是在空中停留更长时间，而与箱子或地面接触的时间更短。

反应

跳绳—多方向跳跃训练

目的

提高下肢的爆发力和反应速度。

过程

- 跳绳，同时两脚位置不断交替。
- 从一只脚前，一只脚后的分脚站姿势开始，然后变换到双脚与髋部同宽的分腿姿势。
- 尽可能快速地继续重复此步骤，并在变换姿势时交替前置脚（见图 a 和图 b）。
- 重复指定次数，然后使用其他跳跃方式，比如交换跳，即双脚距离从窄到宽，还有旋转跳，即其中一只脚打开 90 度。

开合跳跃训练

目的

提高下肢的爆发力和反应速度。

过程

- 完成开合跳跃，混合多种手臂和腿部的运动。
- 开始时双脚分开，与髋部同宽，完成开合跳跃。
- 完成脚前后分开的开合跳跃，并且每次分开双脚时都交换前置脚（见图 a 和图 b）。
- 回到起始姿势，并重复。

变化

- 增加一种用交叉脚姿势落地的跳跃。
- 在完成开合跳跃时，身体向前、向后、横向移动或旋转身体。

半绳梯—反应训练

注意：为避免重复，我们已经分开了本章和第5章中的绳梯训练。本章中的训练强调短时间和第一步反应。采用半个标准绳梯使训练更快，并防止神经疲劳成为明显的影响因素。此外，反应命令将是本章所强调的"反应-响应"的组成部分。

教练可以指定你在收到声音或视觉命令时跑向预定的标志桶，例如，绳梯的两侧各有一个标志桶，距离绳梯5～10码。每一个训练都可以横向或向后进行，以增加难度。

209

步频跑动训练

目的

提高第一步的步频。

过程

- 采用每次一格，只有一只脚落地的模式跑过绳梯（见图a和图b）。
- 专注于脚下的步频，而不是直线跑动的速度。

变化

对口令做出反应，并跑向指定的目标。

兔子跳

目的

增强踝关节周围肌肉的弹性力量。

过程

- 快速跳进绳梯的每一格（见图a ~ c）。
- 踝关节快速发力，并尽量减少与地面接触。
- 向前看，而不是看着地面。

变化

在训练中加入专项技能。

跳房子训练

目的

增强踝关节周围肌肉的弹性力量。

过程

- 开始时，双脚分别放在绳梯的两侧。
- 双脚跳进第一格（见图a），然后在下一格时分开双脚，让双脚都落在绳梯的外侧（见图b）。
- 双脚跳进绳梯的下一格（见图c），并继续重复。
- 向前看，而不是看着地面。

变化

- 一只脚落在绳梯的方格里面。
- 在训练中加入专项技能。

单腿跳

目的

提高下肢的反应速度。

过程

- 只使用一条腿，跳进绳梯的每一格（见图a和图b）。
- 强调尽量减少与地面接触。
- 向前看，而不是看着地面。

变化

- 向前、向后或横向单腿跳。
- 在训练中加入专项技能。

半绳梯技能训练与运动专项技能结合

目的

提高下肢的反应速度。

过程

- 你可以在完成任何绳梯训练的同时看着站在绳梯另一侧的教练。
- 当教练将运动专项用球抛向梯子的任意一侧时，做出反应。
- 在完成绳梯训练的途中做出反应，跑向有球的那一侧，接住球或击球。

214

快速摆动训练

目的

提高神经处理速率、上肢对视觉刺激的反应时间以及全身反应速度。

过程

- 以准备姿势或专项运动的姿势站立，搭档站在你的面前。
- 使用泡沫球棒、打靶手套或超大码的拳击手套，以搭档尝试轻轻接触你的头部区域来开始训练（见图a）。
- 沿矢状面进行攻击（攻击保证笔直向前）。
- 做出反应，避免接触，移动到攻击的任一侧（见图b）。

格挡训练

目的

提高神经处理速率、上肢对视觉刺激的反应时间以及全身反应速度。

过程

- 以准备姿势或专项运动的姿势站立，搭档站在你的面前。
- 使用泡沫球棒、打靶手套或超大码的拳击手套，以搭档尝试轻轻接触你的头部区域来开始训练（见图a）。
- 沿矢状面进行攻击（攻击保证笔直向前）。
- 用手做出回应，在快要接触之前将攻击拍开（见图b）。

反应

躲避训练

反应

目的

提高神经处理速率、上肢对视觉刺激的反应时间以及全身反应速度。

过程

- 以准备姿势或专项运动的姿势站立，搭档站在你的面前。
- 使用泡沫球棒、打靶手套或超大码的拳击手套，以搭档尝试轻轻接触你的头部区域来开始训练（见图a）。
- 沿纵分面或横切面攻击（攻击笔直向前或大弧度）。
- 做出响应，躲避并在攻击下方钻过（见图b）。

双人搭档抗阻—横向滑步＋追逐

目的

提高下肢的反应速度和反应能力，增强变向的能力。

过程

- 开始时以运动姿势面对边线，准备好侧向滑步。
- 搭档将手放在你的髋部，你将向着这一侧滑步（见图a）。
- 听教练的口令，搭档阻挡你的侧向滑步；然后，搭档让开并向着同一个方向冲刺（见图b和图c）。
- 追赶你的搭档，并尽可能快地拍到他。

反应

218

双人搭档—镜像冲刺

目的

提高变向的能力。

过程

- 画一条直线或摆放标志桶，长度大约为20码。
- 从起跑线上开始，搭档在前方5码处，面对着你。
- 向前冲刺10码，而搭档在你的前面完成后退跑。
- 当搭档停止并向前冲刺时，你立刻停止并开始后退跑5码；两人之间尽量始终保持相同的距离。
- 重复上述步骤，直到你到达直线的终点。

219

牵制对手的训练

目的

提高变向和反应的能力。

过程

- 画直线或摆放标志桶，宽度大约为20码，长度为80码。
- 站在底线上出发。
- 三个或四个对手面对你站在一条线上充当人墙，以牵制你的移动。
- 对手使用后撤步和侧向移动，防止你冲过他们的防线。

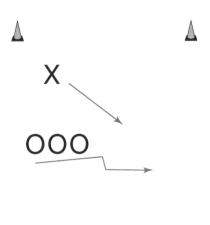

正方形方格—镜像冲刺训练

目的

提高变向和反应的能力。

过程

- 标记出两个正方形方格，每个方格用四个标志桶围成，标志桶彼此间相隔5码。
- 开始时，你站在一个方格中间，而搭档站在另一个方格。
- 向任意给定标志桶冲刺，触摸它，并返回到方格的中间。
- 搭档必须镜像跟随你，对你的移动做出反应。

正方形方格—镜像滑步训练

目的

提高下肢的横向反应速度和反应能力。

过程

- 标记出两个正方形方格，每个方格用四个标志桶围成，标志桶彼此间相隔5码。
- 开始时，作为指挥官站在方格的一条线上，搭档站在另一个方格的同一条线上。
- 你只能沿格子的外侧滑步，保持留在线上。
- 搭档必须做出反应，并且只在他自己的方格中相同的线上滑步，镜像跟随你。

222

三角形（标志桶）—听口令变向训练

目的

提高支撑脚的反应速度和变向的能力。

过程

- 将三个标志桶摆放成边长为5码的三角形。
- 从指定的标志桶开始，尽可能快地冲刺。
- 保持贴近标志桶。
- 根据教练的口令，在两到四次转身后变换冲刺的方向。

变化

三角形追逐训练：站在两个标志桶之间的线上。增加一个搭档，它是追赶者，并在第三个标志桶处出发。听教练的口令开始追逐，当被追赶者拍到时，训练结束。

223

脚步训练 + 冲刺

目的

改善第一步的反应速度和反应时间。

过程

- 开始时站在环形地标外侧；在环形地标外侧，脚快速点地两次，然后一只脚横向点地一次，踩到环形地标内侧。
- 用靠近环形地标一侧的脚点一下环形地标内侧。
- 然后教练发出视觉或听觉的指令；你必须迅速向前一步，并冲刺到在你前面5码处的标志桶，并摸一下标志桶后回到开始位置，继续原来的脚步训练模式。

脚步训练＋反应训练

目的

提高下肢的反应速度，反应能力和变向能力。

过程

- 划出一个方格，在每个角落都放一个环形地标，彼此相隔10码。
- 在方格中间放两个环形地标，彼此相隔大约1码；你和搭档在方格中间，每人分配一个环形地标。
- 开始时，双方都快速用脚点地，同时保持一只脚在自己的圈中。
- 教练站在方格的底部，发出视觉信号（双手向上或双手向下）指导你们两个人冲刺到环形地标的后面或与你同侧方格的前面，然后转身，冲刺回去，尝试先于搭档回到出发位置。
- 返回到起始位置时始终保持快速点地动作。

变化

教练可以要求你用手触摸所有环形地标，这需要更快的全身反应速度。

脚步训练＋冲刺接球

目的

改善第一步的反应速度和上肢的反应时间。

过程

- 开始时站在环形地标外；脚在环形地标外快速点地两次，然后脚横向点地一次，踩在环形地标内侧。
- 你应该使用靠近环形地标的脚点一下环形地标内侧。
- 搭档站在5码远的位置，从肩部高度投下一个网球。
- 你必须迅速向前一步，并冲刺，在球反弹两次之前接住它。

四格跳跃 + 附加训练

目的

完成一个可预测的多向灵敏移动训练，根据口令完成多个反应式灵敏性挑战。

过程

3	4
1	2

- 在一个格子中完成双脚跳，遵循1、2、3、4的格子顺序，然后再回到1的连续模式。
- 使用双脚与髋部同宽的跳跃姿势，并在重复跳跃的整个过程中保持运动姿势。
- 教练喊出下一跳目标格子的编号。
- 喊出的编号具有一个与方格编号相同的标志桶，每个标志桶有不同的指定动作；你必须马上将动作与数字联系起来，做出反应并完成动作。
  - 1：跑到1号标志桶，完成四次上肢移动训练。
  - 2：跑到2号标志桶，完成四次横向滑冰训练。
  - 3：跑到3号标志桶，完成四次绕着3号和4号标志桶跑8字。
  - 4：跑到4号标志桶，完成往返熊爬训练在3号4号标志桶之间。
- 在完成反应式灵敏性训练后，跑回1号格子，等待教练的指令，再次重复训练。

变化

为每个标志桶处选择更加高级的训练模式和动作。

正方形方格—镜像训练

目的

提高全身的反应速度和变向的能力。

过程

- 标记出两个方格，每个方格用四个标志桶，彼此间相隔5码。
- 开始时，你作为指挥官站在一个方格中，搭档站在另一个方格中。
- 你可以选择任意动作（下蹲、侧滑步、跳跃、绕圈、冲刺和触摸标志桶等）开始。
- 搭档必须做出反应，并跟随你的动作。
- 教练可以在任何时候发出一个声音信号，交换角色，搭档成为指挥官；现在你必须做出反应并镜像跟随。

反应

彩色圆点训练

目的

培养反应灵敏性和多向移动能力。

过程

- 将多种颜色的灵敏性圆点标志或标志桶摆成多行，在每行中混合多种颜色。采用双脚与臀同宽的运动姿势，从一种颜色开始。
- 教练喊出一种颜色，你必须弹簧跳到选择正确的彩色圆点上。
- 始终保持面向同一个方向，并使用横向跳跃来实现侧向移动，使用前跳来移动到自己前面的圆点，使用后跳来移动到身后的圆点。
- 继续该训练至完成一行中特定数量的颜色或指定的时间。

变化

- 使用单腿跳，向前和横向移动到被喊出的正确的彩色圆点。
- 使用16个不同颜色的圆点，并让两名运动员用双腿跳或单腿跳响应被喊出的颜色。首先到达正确的彩色圆点的运动员要完成在该点上的附加训练。因此，运动员必须预测另一名运动员准备移动的方向，以便找到在空档处的正确颜色的圆点。

脚步训练—定向移动

目的

改善神经处理速率和第一步移动反应时间。

过程

- 向提供刺激信号（一个手势、脚部信号、肩部信号或抛球）的方向移动脚。
- 只练习第一步反应。

变化

- 增加第二步，升级到全技能移动训练。
- 预先计划要响应一种信号，但是让教练发出多种信号。

反应

上肢训练—定向移动

目的

改善神经处理速率和上肢移动反应时间。

过程

- 向提供刺激信号（一个手部信号、肩部信号或抛球）的方向移动手。
- 只练习手部反应。

变化

- 对手部反应练习添加步法训练，升级到全技能移动训练。
- 预先计划要响应一种信号，但是让教练发出多种信号。

镜像训练—定向移动

目的

提高神经处理速率和移动时的反应速度。

过程

- 该训练需与搭档一起完成。
- 完成所有定向脚步移动和变化。
- 从腿部或手臂的动作（或两者的组合）开始；搭档做出反应，镜像跟随同样的动作。
- 交换角色并重复。

变化

使用训练工具（篮球）完成进攻或防守的镜像训练。

反应

232

口令—冲刺 + 后退跑

目的

改善反应时间，提高变向的能力。

过程

- 从两点站姿开始。
- 听口令，冲刺。
- 听到下一个口令，后退跑。
- 重复。

变化

- 采用不同的起始姿势。
- 在整个训练过程中或每次口令都改变运动方式。
- 在每次口令添加一个快速伸缩复合练习。
- 改变每两次口令之间的跑动距离。

反应

口令—冲刺 + 变向

目的

提高神经处理速率和移动时的反应速度以及变向的能力。

过程

- 从两点站姿开始。
- 听到口令冲刺，迅速变向，并向着指示的方向冲刺。

变化

- 采用不同的起始姿势。
- 在整个训练过程中或每次口令都改变运动方式。
- 在每次口令添加一个快速伸缩复合练习。
- 改变每两次口令之间的跑动距离。
- 改变变向的角度。

口令—后退跑 + 变向

目的

提高神经处理速率和移动时的反应速度以及变向的能力。

过程

- 从两点站姿开始。
- 听到口令后退跑，迅速变向，并向着指示的方向冲刺。

变化

- 采用不同的起始姿势。
- 在整个训练过程中或每次口令都改变运动方式。
- 在每次口令添加一个快速伸缩复合练习。
- 改变每两次口令之间的跑动距离。
- 改变变向的角度。

反应

235

圆圈反应训练

目的

提高神经处理速率和多方向的反应速度。

过程

- 将八个环形地标摆放成一个圆形,站进放在该圆形中间的环形地标内。
- 保持准备姿势并等待信号。
- 对信号做出反应,跑到每个环形地标,并把一只脚踩在里面。
- 跑回来,直到两只脚都进入中间的环形地标里面。

变化

- 采用不同的起始姿势。
- 使用防守横向滑步,而不是冲刺。
- 听口令,添加一个技能动作(张开双手防守,拦截传球,传球给目标)。
- 在听觉和视觉上改变发出的指令。

236

侧滑步反应训练

目的

提高神经处理速率、横向灵敏性以及反应速度。

过程

- 从准备姿势(膝关节和髋关节微微弯曲,双臂放松,放在身体两侧,肩膀在脚尖上方)开始,并等待信号。
- 根据教练口令的指定方向横向滑步,不要交叉双脚。
- 完成步骤应该是,先加速,在收到改变方向的指令后,立刻减速,尽快停下。

变化

- 使用视觉提示,而不是听觉提示。
- 教练在你前面的一个半圆形中移动,而你用滑步移动,培养对空间场地的感觉。

X形反应训练

目的

针对反应式灵敏性运动所需的对角线移动，增强第一步的动力。

过程

- 将两个跨栏并排摆放，相隔1码或米。
- 用力向对角线方向跨出一步，用右鞋的内侧边缘蹬地，从位置1到位置2。
- 后撤步和侧跨步到位置3。
- 用力向对角线方向跨出一步，用左鞋的内侧边缘蹬地，从位置3到位置4。
- 后撤步和侧跨步到位置1并休息。
- 重复三次，在任何时候都保持运动姿势。

变化

- 添加抛球，同时保持一样的动作模式和节奏。
- 使用快速双脚点地，让身体保持积极的准备姿态，并根据教练的听觉信号或视觉信号完成反应性对角线跨步。每一次爆发式对角线跨步之后，回到位置1或3，继续快速双脚点地，直到教练的下一个信号或训练完成。

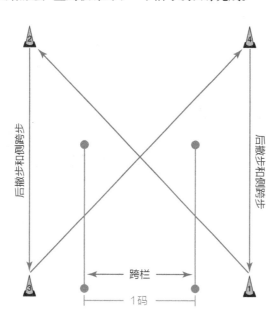

快速弹起—跪手撑到运动姿

目的

提高神经处理速率、全身灵敏性、运动知觉意识和反应速度。

过程

- 开始时双手和膝盖在地上，等待信号（见图a）。
- 在站起来时尽可能快的爆发式用力（见图b和图c）。

变化

- 站立起来之后，听口令完成一个技能动作。
- 站立起来之后接网球。

快速弹起—坐姿到运动姿

目的

提高神经处理速率、全身灵敏性、动作知觉意识和反应速度。

过程

- 开始时，在地面上坐着，等待信号（见图a）。
- 在站起来时尽可能快的爆发式用力（见图b ~ e）。

变化

- 站立起来之后，听口令完成一个技能动作。
- 站立起来之后接网球。
- 改变从听觉和视觉发出的命令。

反应

快速弹起—仰卧姿到运动姿

目的

提高神经处理速率、全身灵敏性、动作知觉意识和反应速度。

过程

- 开始时，仰卧躺在地面上，等待信号（见图a）。
- 在站起来时尽可能快的爆发式用力（见图b ~ e）。

变化

- 站立起来之后，听口令完成一个技能动作。
- 站立起来之后接网球。
- 改变从听觉和视觉发出的命令。

快速弹起—运动姿 + 俯卧趴 + 运动姿

目的

提高神经处理速率、全身灵敏性、动作知觉意识和反应速度。

过程

- 以运动姿态开始，并等待信号（见图a）。
- 趴下，并尽快起来（见图b ~ e）。

变化

- 站立起来之后，听口令完成一个技能动作。
- 站立起来之后接网球。
- 改变从听觉和视觉发出的命令。

反应

疯狂接球训练

目的

提高神经处理速率、全身灵敏性、动作知觉意识和反应速度。

过程

- 将球抛到空中（见图a）。
- 趴下，并尽快起来（见图b和图c）。
- 在球反弹两次之前接住它。

变化

- 尝试先摸地面，然后在球反弹两次前接住它。
- 使用六角球来改善多向反应时间。
- 让搭档在你趴下的过程中丢球。

双手速度训练

打手训练

目的

改善神经处理速率、上肢对视觉刺激的反应时间以及反应速度。

过程

- 双手在自己的前面合起（掌心相对）。
- 搭档站在你的面前，双手放在身体两侧（见图）。
- 搭档尝试快速触摸（轻轻拍打）你的手，而你尝试做出反应，避免被摸到。

变化

- 你和搭档都做好准备姿势。
- 遵循同样的过程，但使用两个不同的接触目标，而不是一个。

反应

放球训练

目的

改善神经处理速率、上肢对视觉刺激的反应时间以及反应速度。

过程

- 你做好准备姿势，搭档在你的前面，双手拿着两个网球，在肩部高度向前伸出（见图a）。
- 在没有预先通知你的情况下，搭档放开其中一个手中的网球；你做出反应，尝试在半空中接住它（见图b）。

变化

- 用搭档放球的手的对侧手接住网球。
- 同时放开两个网球。

抢卡片训练

目的

提高上肢对视觉刺激的反应速度和反应能力。

过程

- 你以准备姿势站立，搭档拿着一张卡片，保持在肩部高度（见图）。
- 开始练习，你首先试图抢到搭档手上的卡片。
- 搭档做出反应，尝试通过移动卡片来防止你抢到它。

反应

抓尺子训练

目的

提高上肢对刺激的反应速度和反应能力，同时提供反馈信息。

过程

- 张开手，并且伸直手臂，搭档拿着一把尺子，保持在肩部高度（见图）。
- 搭档的拇指和食指应在尺子末端的0刻度上。
- 搭档放开尺子，你试图尽可能快地抓住它。
- 目标是抓住尺子，不让它掉在地上。

打靶套训练

目的

改善神经处理速率、上肢对视觉刺激的反应时间、手眼协调性，以及全身反应速度。

过程

- 以准备姿势或专项运动的姿势站立，搭档站在你的面前（见图a）。
- 搭档使用打靶手套开始训练，你将手套作为目标，挥出预先确定的冲拳或拍击（见图b）。
- 你的攻击可以模仿专项运动的动作，如网球的正手击球，或者美式橄榄球前锋的接球技术。

变化

- 增加一个手套，造成复杂的响应决策。
- 对具体目标挥出多次冲拳或组合拳。

反应

全身反应训练

躲球训练

目的

改善神经处理速率以及全身对视觉刺激的反应时间。

过程

- 这个游戏可以由2～4个球员对墙进行，或者由五个或以上的球员围成一圈进行。
- 使用软球，多个球员扔球，而其他球员躲避，不与球接触。

快速反应训练

目的

改善神经处理速率，全身对视觉或听觉刺激的反应时间以及全身反应速度。

过程

- 做好准备姿势，等待开始信号。
- 在收到信号（无论是视觉还是听觉提示）时，开始尽可能快地双脚交替点地，直至收到下一个指令。
- 对每个指令（完成横向滑步，向前或向后冲刺，跳跃，趴下）尽快做出反应。

反应

前滚翻 + 反应训练

目的

改善神经处理速率，全身对视觉或听觉刺激的反应时间以及全身的灵敏性。

过程

- 采用两点站姿，左脚在前。
- 弯下腰，并开始向前倒下。
- 在即将与地面接触之前，以左肩为轴翻滚，并返回到准备姿势。
- 对教练的听觉或视觉提示做出反应。

变化

在翻滚后，添加一个专项运动的技能（排球的救球，向左或向右扑救，或横向滑步）。

后滚翻 + 反应训练

目的

改善神经处理速率，全身对视觉或听觉刺激的反应时间以及全身的灵敏性。

过程

- 从准备姿势开始。
- 下蹲，弯腰，并开始向后倒下。
- 以左或右肩为轴翻滚，回到准备姿势。
- 对教练的听觉或视觉提示做出反应。

变化

在翻滚后，添加一个专项运动的技能（排球的救球，向左或向右扑救，或横向滑步）。

252

绳梯—滑雪跳跃+反应训练

目的

改善神经处理速率、场地的空间感觉、全身对视觉或听觉刺激的反应时间、全身的灵敏性，以及整体运动能力。

过程

- 采用两点站姿，右脚在绳梯的第一格里面，左脚在第一格外面。
- 向前向右斜跳，左脚落在绳梯的第二格里面，右脚在第二格外面。
- 在落地后，立即向前向左斜跳，右脚落在绳梯的第三格里面，左脚在第三格外面。
- 重复此顺序，完成整条绳梯，同时在整个训练中不断对教练的视觉指令做出反应（喊出她举起的手指的数量）。

变化

- 在绳梯的末端加上一个专项运动的技能。
- 教练的双手同时举起手指，数量分别是奇数和偶数，你只喊出奇数或偶数的数字。
- 教练可以在绳梯末端的半圆范围内移动，以提高你的余光能力。可以由两个或三个教练组成半圆，闪烁数字，以进一步提高你的场地视野，以及对位于视觉边缘的刺激的反应时间。练习对位于视觉边缘的刺激做出反应，改善对在中心视野发现的刺激的反应时间。同样的，练习对在中心视野发现的刺激做出反应，改善对位于视觉边缘的刺激的反应时间。
- 添加两步或三步的跑动，增加通过绳梯的直线速度和反应速度的要求。

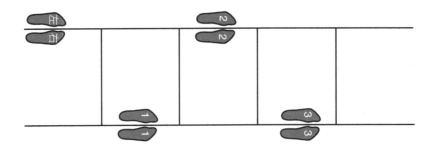

绳梯—跳房子＋反应训练

目的

改善神经处理速率、场地的空间感觉、全身对视觉或听觉刺激的反应时间、全身的灵敏性、整体运动能力以及踝关节周围肌肉的弹性力量。

过程

- 开始时，双脚都在绳梯的第一格里面。
- 双脚起跳，两只脚都落在梯子外面。
- 在落地后，立即跳起来，并且双脚都落在绳梯的下一格里面。
- 重复此顺序，完成整条绳梯，同时在整个训练中不断对教练的视觉指令做出反应（喊出他举起的手指的数量）。

变化

- 在绳梯的末端加上一个专项运动的技能。
- 教练的双手同时举起手指，数量分别是奇数和偶数，你只喊出奇数或偶数的数字。
- 教练可以在绳梯末端的半圆范围内移动，以提高你的余光能力。可以由两个或三个教练组成半圆，闪烁数字，以进一步提高你的场地视野，以及对位于视觉边缘的刺激的反应时间。练习对位于视觉边缘的刺激做出反应，改善对在中心视野发现的刺激的反应时间。同样的，练习对在中心视野发现的刺激做出反应，改善对位于视觉边缘的刺激的反应时间。
- 添加两步或三步的跑动，增加通过绳梯的直线速度和反应速度的要求。

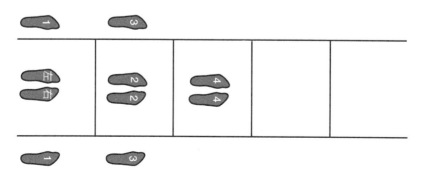

T形移动训练＋抛球

目的

增强变向能力和反应灵敏性。

过程

- 从标志桶A处开始。
- 在收到教练的指令后，冲刺到标志桶B。
- 侧滑步到标志桶C。
- 向右交叉步到标志桶D。
- 侧滑步回到标志桶B，触摸它，后退跑返回标志桶A。

变化

教练拿着球站在T字的顶端。连续完成该训练模式，当你接到抛出的球时，反向完成该训练模式。

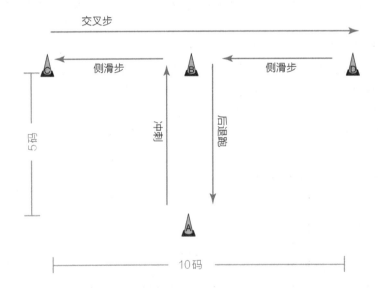

快速脚法训练

绳梯—并步 + 反应训练

目的

发展神经处理速率、场地的空间感觉、全身对视觉或听觉刺激的反应时间、全身的灵敏性以及整体运动能力。

过程

- 从绳梯的左侧开始。
- 右脚横踏一步，进入绳梯的第一格。
- 左脚跟随进入相同的格子。
- 右脚横踏一步，到绳梯的右侧，左脚向前进入绳梯的下一格。
- 将右脚放进左脚所在的同一个格子中。
- 左脚横踏一步，到绳梯的左侧，右脚向前进入绳梯的下一格。重复此训练模式至绳梯末端。
- 在整个训练中不断对教练的视觉指令做出反应（喊出她举起的手指的数量）。

变化

- 在绳梯的末端加上一个专项运动的技能。
- 教练的双手同时举起手指，数量分别是奇数和偶数，你只喊出奇数或偶数的数字。
- 教练可以在绳梯末端的半圆范围内移动，以提高你的余光能力。
- 可以由两个或三个教练组成半圆，闪烁数字，以进一步提高你的场地视野，以及对位于视觉边缘的刺激的反应时间。注意，用眼睛的不同部分看到物体会产生不同的反应时间。由视锥细胞（即在眼睛中心的神经）发现的刺激会比由视杆细胞（即分布在眼睛周围的神经）发现的对象更快地被记录信息。练习对位于视觉边缘的刺激做出反应，改善对中心视野发现的刺激的反应时间。同样的，练习对在中心视野发现的刺激做出反应，改善对位于视觉边缘的刺激的反应时间。
- 添加两步或三步的跑动，增加通过绳梯的直线速度和反应速度的要求。

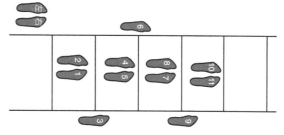

绳梯—后退并步+反应训练

目的

改善神经处理速率、场地的空间感觉、全身对视觉或听觉刺激的反应时间、全身的灵敏性以及整体运动能力。

过程

- 从绳梯的左侧开始，背向绳梯。
- 右脚横踏一步，进入绳梯的第一格。
- 左脚跟随进入相同的格子。
- 右脚向后横踏一步，到绳梯的右侧，左脚向后一步，进入绳梯的下一格。
- 将右脚放进左脚所在的格子中。
- 左脚向后横踏一步，到绳梯的左侧，右脚向后一步，进入绳梯的下一格。重复此训练模式至绳梯的末端。
- 在整个训练中不断对教练的视觉指令做出反应（喊出他举起的手指的数量）。

变化

- 在绳梯的末端加上一个专项运动的技能。
- 教练的双手同时举起手指，数量分别是奇数和偶数，你只喊出奇数或偶数的数字。
- 教练可以在绳梯末端的半圆范围内移动，以提高你的余光观察能力。
- 可以由两个或三个教练组成半圆，闪烁数字，以进一步提高你的场地视野，以及对位于视觉边缘的刺激的反应时间。注意，用眼睛的不同部分看到物体会产生不同的反应时间。由视锥细胞（即在眼睛中心的神经）发现的刺激会比由视杆细胞（即分布在眼睛周围的神经）发现的对象更快地被记录信息。练习对位于视觉边缘的刺激做出反应，改善对在中心视野发现的刺激的反应时间。同样的，练习对在中心视野发现的刺激做出反应，改善对位于视觉边缘的刺激的反应时间。

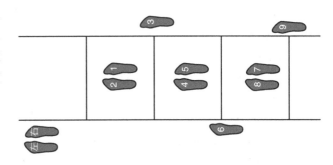

绳梯—两进两出滑步 + 反应训练

目的

改善神经处理速率、场地的空间感觉、全身对视觉或听觉刺激的反应时间、全身的灵敏性，以及整体运动能力。

过程

- 面向绳梯的一侧，采用两点起始站姿。
- 右脚向正前方一步，进入第一格。
- 左脚随之进入第一格。
- 右脚向后斜退一步，落在第二格前面。
- 左脚随之落在第二格前面。
- 重复此顺序完成整条绳梯，确保每只脚都进入过每一格。
- 在整个训练中不断对教练的视觉指令做出反应（喊出她举起的手指的数量）。

变化

- 在绳梯的末端加上一个专项运动的技能。
- 教练的双手同时举起手指，数量分别是奇数和偶数，你只喊出奇数或偶数的数字。
- 教练可以在绳梯末端的半圆范围内移动，以提高你的余光观察能力。
- 可以由两个或三个教练组成半圆，闪烁数字，以进一步提高你的场地视野，以及对位于视觉边缘的刺激的反应时间。注意，用眼睛的不同部分看到物体会产生不同的反应时间。由视锥细胞（即在眼睛中心的神经）发现的刺激会比由视杆细胞（即分布在眼睛周围的神经）发现的对象更快地被记录信息。练习对位于视觉边缘的刺激做出反应，改善对在中心视野发现的刺激的反应时间。同样的，练习对在中心视野发现的刺激做出反应，改善对位于视觉边缘的刺激的反应时间。

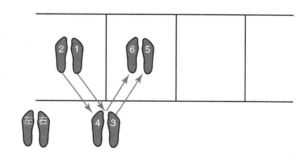

绳梯—蛇形跳跃+反应训练

目的

改善神经处理速率、场地的空间感觉、全身对视觉或听觉刺激的反应时间、全身的灵敏性、整体运动能力以及踝关节周围肌肉的弹性力量。

过程

- 采用两点起始站姿，横跨绳梯的一侧。
- 保持双脚并拢，完成一系列转四分之一圈的跳跃。
- 每次跳跃时，双脚所指的方向如下：正前方，左，正前方，右，正前方，以此类推。
- 在转动髋关节时，保持肩膀相对平直。
- 重复此顺序，完成整条绳梯，同时在整个训练中不断对教练的视觉指令做出反应（喊出他举起的手指的数量）。

变化

- 在绳梯的末端加上一个专项运动的技能。
- 教练的双手同时举起手指，数量分别是奇数和偶数，你只喊出奇数或偶数的数字。
- 教练可以在绳梯末端的半圆范围内移动，以提高你的余光观察能力。
- 可以由两个或三个教练组成半圆，闪烁数字，以进一步提高你的场地视野，以及对位于视觉边缘的刺激的反应时间。注意，用眼睛的不同部分看到物体会产生不同的反应时间。由视锥细胞（即在眼睛中心的神经）发现的刺激会比由视杆细胞（即分布在眼睛周围的神经）发现的对象更快地被记录信息。练习对位于视觉边缘的刺激做出反应，改善对在中心视野发现的刺激的反应时间。同样的，练习对在中心视野发现的刺激做出反应，改善对位于视觉边缘的反应时间。
- 添加两步或三步的跑动，增加通过绳梯的直线速度和反应速度的要求。

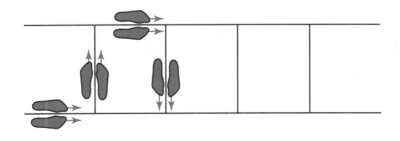

绳梯—较髋跳＋反应训练

目的

改善神经处理速率、场地的空间感觉、全身对视觉或听觉刺激的反应时间、第一步反应速度以及整体运动能力。

过程

- 采用两点起始站姿，站在绳梯的最左边，面向绳梯。
- 双脚一起向右跳，左脚落在绳梯的第一格里面，右脚在第一格外面。
- 落地后，立即向左跳，双脚都落在梯子外面。
- 髋关节应旋转，当左脚在格子里面的时候，脚与绳梯平行，当双脚都在梯子外面的时候，则垂直于绳梯。
- 重复此顺序，沿绳梯前进，同时在整个训练中不断对教练的视觉指令做出反应（喊出她举起的手指的数量）。

变化

- 在绳梯的末端加上一个专项运动的技能。
- 教练的双手同时举起手指，数量分别是奇数和偶数，你只喊出奇数或偶数的数字。
- 教练可以在绳梯末端的半圆范围内移动，以提高你的余光观察能力。
- 可以由两个或三个教练组成半圆，闪烁数字，以进一步提高你的场地视野，以及对位于视觉边缘的刺激的反应时间。注意，用眼睛的不同部分看到物体会产生不同的反应时间。由视锥细胞（即在眼睛中心的神经）发现的刺激会比由视杆细胞（即分布在眼睛周围的神经）发现的对象更快地被记录信息。练习对位于视觉边缘的刺激做出反应，改善对在中心视野发现的刺激的反应时间。同样的，练习对在中心视野发现的刺激做出反应，改善对位于视觉边缘的刺激的反应时间。

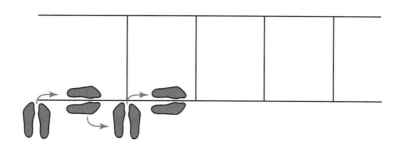

后蹬跑

目的

提高髋部屈肌的反应速度和柔韧性。

过程

- 运动姿态站立，保持重心在良好的支撑基础上，向后跑。
- 以良好的姿态增大自己的步幅。

变化

在收到指令后，迈开步幅，冲刺到指定的标志桶。

在这里，我们已经介绍了各种训练，有简单，有复杂，它们是可以通过训练影响反应速度的变量。应始终用正确的技术和方式来完成反应能力和反应速度的训练。巩固良好的技巧，不仅能更好地转化为运动和活动技能，还可以降低受伤的风险。这些训练也可以有高级的变化，以实现长期收益，使运动速度更快，更流畅，更加无意识，让运动员有更大的机会在其运动发展中获得乐趣和成功。通过适当的训练去理解和培养不同层次的响应，运动员可以明显提高反应速度，这使得任何成绩水平或运动项目的运动员都可以让自己的表现更上一层楼。

第二部分

训练方案

第7章

定制方案

万斯·A.费里格诺（Vance A.Ferrigno），安德烈·M.杜波依斯
（Andrea M.P Bois），李·E.布朗（Lee E.Brown）

下面的章节是专项运动方案，告诉你如何将各种练习安排到8周的方案中。然而，这并不是针对专项运动的特定练习的模板；它们只是为了向你展示如何在8周时间内，从易到难，从简单到复杂，循序渐进地安排练习。进度是极个性化的事情，因为没有任何两个运动员会有完全相同的进度。我们在某些8周方案中安排了复杂的升级练习，有些运动员可能需要10～12周，或更长的时间才能达到这种水平。在另一些情况下，已经具备很好的运动技能基础的运动员可能会在前4周就已经看到一些那种难度的复杂练习。每一位运动员都有应该解决的独特需求和目标，但所有的运动员都想提高其移动能力的效率。

选择训练

随机组合训练将帮助年轻运动员积累全面的运动技能，但对于训练更高水平的运动发展的运动员来说，这未必是最有效的方法（Bompa 1995）。在运动发展的早期阶段，往往是越多越好，可以提供多种技能发展搭配，并让年龄较小的运动员可以保持参与。然而，随着运动员的发展，训练一定要得到细化，以针对试图改善的非常具体的运动素质。在第2章的评估中所收集的数据将帮助教练确定运动员开始训练的具体练习。

一旦运动员开始参加这些训练，接下来的训练就要针对运动员在之前训练中的成功或不足进行选择。以成功为基础！如果运动员正在执行的任务太难，就可能会让他泄气。相反，如果训练太容易，运动员可能失去兴趣。教练应该改变没有效果或没有得到预期结果的训练。这并不意味着训练是不好的；只是在那一刻，这不是一个合适的训练。当运动员有了进步，准备得更好的时候，教练可以返回该训练。

在选择训练时的另一个考虑是，混合身体运动的各种平面。因为所有的人体运动

都是三维的，训练也应该是三维的（Gray 2004）。我们的意思是，训练不应该都是线性的。例如，在跳跃训练中，运动员应该向前跳、向后跳、向左右两个方向跳，并且向左右两个方向旋转跳跃。

每个运动项目都有不同的运动需求和代谢需求，甚至在同一项运动中，多种位置也可以有不同的要求。例如，在第8章中为棒球设计方案时，有九种球员位置，每种位置需要的运动技能都有点不同。每个球员的方案中都将有不同的速度、灵敏性和反应训练，但每个训练的重点都将根据位置和测试结果而有所不同。例如，外野手可能更强调加速能力，而内野手可能更偏重于横向灵敏性。再进一步，三垒手必须比游击手练习更多反应技能，后者需要负责更大一点的范围，因此横向灵敏性变得更加重要。

确定训练量和强度

在决定每个训练要完成多少次重复、以多远距离来完成它们，以及间歇时间应该有多长的时候，需要同时考虑有待提高的运动素质和运动项目的代谢需求，在某些情况下，还要考虑该运动项目中的位置（Gambetta 1998）。例如，在棒球运动员与篮球运动员的训练中，都可以使用星形训练。然而，重复次数和恢复的时间间隔会有很大的不同，因为这两项运动的代谢需求有很大的区别。此外，在下列方案中，我们会为每个运动技能（速度、灵敏性和反应）提供两个训练。为简单起见，这仅仅是一般性指南。你可以选择使用三种速度训练，四种灵敏性训练，再加一个反应训练。这是非常个性化的，取决于你想在赛季和休赛期中达到的目标（Murphy 和 Forney 1997）。

有几种方法可以决定持续时间、强度和恢复的时间间隔。在许多训练中，如直线训练，距离是固定的，但恢复的时间间隔可以变化。仅从提高速度、灵敏性或反应的本质来说，在两组训练之间需要有足够的恢复时间，使能量系统和神经系统有机会在进行下一训练之前恢复。1∶3或1∶4的练习休息比例经常被作为指导，但我们甚至可以使用更长的时间间隔，以确保运动员可以在第一个和最后一个训练中都保持同样的动力和强度水平。

当使用速度、灵敏性和反应训练辅助体能训练时，应与专项运动的练习休息比例匹配，使训练在代谢方面更有针对性。随着运动员的不断进步，为了能够在比赛后期保持爆发式用力，就需要在训练中的某一时刻，增加训练量或缩短恢复时间，或两者的组合，从而让运动员准备好在比赛后期仍然可以在高强度下完成。由于个体差异，不可能对练习的量和强度做出具体的建议。示例方案显示了设定恢复时间间隔的多种方式，但它们只是一些例子；运动员对今天的训练参数的响应将对在下一次训练中使用的练习休息比例产生影响。

设计训练

在设计日常训练时，教练和运动员需要想一想训练的不同方面，而不仅仅是随兴发挥。首先要有一个特定的训练目标。不要只是为了训练而训练，训练时要有目标。应该采用什么热身？今天的热身和昨天的热身有什么不同？应该热身多长时间？在哪里安排休息，应该安排多长的休息时间？你要找到一个顺畅的流程，从热身过渡到练习的主体，然后过渡到放松和恢复阶段。在纸上写出训练计划，这将有助于创建训练流程，并提供一个流畅的训练过程。话虽如此，但书面计划并不是一成不变的。一旦开始训练，教练就应注意并听取运动员的反馈，并根据需要进行调整。

热身

热身是每个训练的重要组成部分。许多运动员，甚至有些教练会认为，热身是在训练前做的，并且不认为这是训练的一部分。这是一个错误的想法，因为热身训练和方案主体中使用的训练是完全相同的训练，只是其执行强度较低。如果运动员每次训练开始时进行10分钟的全面热身，一年下来，累计的热身时间会使训练量成倍增加，这对运动员的体能水平会产生影响。热身还有另一个明显的好处，它把身体从静止状态慢慢过渡到最佳运动表现状态，从而减少软组织受伤的风险（Knudson 2008）。请记住，热身训练也应该是三维的。大多数基本的移动训练（跳跃、滑步、交叉步和跑步）都可以向前、向后、向左右两个方向，以及向两个方向旋转。

下面的练习列表组成一个10 ~ 15分钟的热身示例，并使用了本书中的训练。每个移动训练的执行距离都是15 ~ 20码。从简单流畅的运动开始，并随着热身的进展，慢慢增加动作幅度。运动员应根据自己的需求完成每个训练两到四次。

多方向跳跃（第131页）

后踢腿加速（第42页）

横向滑步加180度和360度转身（第101页）

侧身交叉步加180度和360度转身（第138页）

8字形标志桶训练（第132页）

后退跑（第164页）

交叉步跑（第99页）

快速弹起—仰卧姿到运动姿（第232页）加10码冲刺（第51页）

休息和放松

补水休息是一种很好的方式，让身体可以得到休息和非常需要的水分，在炎热的气候条件下尤其如此。保持水就放在附近，在热身后，在训练课主体的中间，并在训练课主体结束时（在柔韧性练习之前），立即补水休息。运动员对训练前的正确补水并不总是很认真，所以教练最好要确保他们补充水分。

放松或柔韧性训练环节用于将身体换到慢档，使用静态柔韧性练习来改善关节活动度的（ROM）问题，并对训练课产生积极的影响。放松与柔韧性相互不冲突。相反，它应该注重改善个人关节活动度的不足之处。大部分的拉伸应该采用站姿进行，那么，在一个三维平面环境中，重力和地面的作用力对肌肉、关节和结缔组织造成的负荷与比赛和训练过程中将会是一致的（Gray 2007）。

用积极的肯定结束每节训练课。重点是训练课的成功，而不是失败。以积极的态度讲述需要改进的地方，并传达出对完成所有目标的渴望。没有运动员喜欢别人提醒或经常纠缠于其缺点。运动员对积极和尊重的执教风格会有更好的反应。培养良好的职业道德，以及发挥出尽可能高的竞技水平，始于教练和运动员之间的相互尊重和欣赏。

调整训练，取得进步

教练不应该觉得必须快速更换训练。在开始其他训练之前，运动员应该能够流畅、稳定地完成当前的训练。这可能需要一节训练课，或者可能需要几节训练课。一旦运动员可以对称且高效地完成训练，在教练选择一个全新或更复杂的训练之前，可以让运动员升级到某些训练的复杂变化。教练可以随意修改训练，或将其与专项运动技能或另一个训练相结合。所有这些训练都是通过经验来编制的。这是教练或运动员可以在方案设计中发挥创意的地方。随着运动员的不断进步，可以组合不同的训练，以增加运动的复杂性和代谢要求。同样，重要的是，要在确保运动员掌握基本运动模式后，再采用更复杂的训练，或将它们与其他技能结合。如果草率地完成复杂的训练，这是弊大于利的，它会巩固不良的运动模式，导致运动员有可能做出让自己受伤的姿势。

每一位运动员都是独一无二的个体，不同的运动项目有不同的个性化需求。任何运动员的综合训练计划都必须将多种变量考虑在内。使用通过第2章的评估所获得的信息、运动项目要求以及该运动项目的位置，教练和运动员可以有针对性的制订训练计划。勇于创新，合理安排训练进度。如果会犯错，也要错得比较保守。让方案升级会比较容易，但在太激进并有受伤风险后再降下来则不那么容易。最重要的是，教练应该听取运动员的反馈，并经常测试，以便对方案进行调整，确保持续进步。

第8章

棒球和垒球

安德烈·M.杜波依斯，李·E.布朗，万斯·A.费里格诺

　　棒球和垒球是结合了技巧、速度、灵敏性和反应的运动。虽然两种比赛非常相似，但它们有不同的场地尺寸和比赛时间长度，因此训练方案要求略有不同。垒球这项运动在某些方面比棒球慢；不过，球员为了获得成功，仍然需要执行同样的技能，比如击球、投球，以及快速、高效地接球。

　　在防守端，棒球和垒球运动员都需要高效、迅速，并准确地做出反应，接住击出的球，然后立即准确地把球投给各自的球员。例如，美国职棒大联盟（Major League Baseball）球员可以在4.56秒内到达一垒（Barret和Burton 2002）。这意味着，防守运动员必须要在这段时间内接到球，改变方向，并准确地将球投给一垒，以完成一次成功的防守。在进攻端，运动员必须能够响应投出的球，高速挥动球棒，然后迅速加速到一垒。

　　之前的研究表明，美国职棒大联盟到达一垒的时间与跑动（从本垒到边线）的前13.7米（约45英尺）的冲刺时间高度相关。因此，训练前13.7米的速度和加速将有助于提高球员的成功上垒机会（Barret和Burton 2002）。通常，这种是直线冲刺，但如果球员跑过一垒，他就必须能够改变方向（以更全面的方式），跑向二垒。冲刺对于防守也很重要，因为球员必须冲刺去接住被击出的球。然而，不同于冲刺上垒，球员可能需要专门的步法才可以接到球，包括向前冲刺、侧滑步（任意角度）、后撤步或它们的任意组合。运动员在接到球时所面对的方向可能会要求他马上改变方向并投球。这个动作必须快速准确，才可以成功地完成一次防守。并非所有的球都要冲刺去接，有时，运动员必须跳起来接球。跳跃可能是纵跳，也可能是向任意一侧跳。像在冲刺中改变方向一样，球员必须足够敏捷才可以接住球，如果有需要，还要投球才可以完成防守。

　　研究表明，棒球内野手需要投出多种角度的球，并且往往会在失去平衡的情况下投球（McFarland和Wasik 1998）。然而，这些要求并不是内野手独有的，它们也适用于棒球和垒球的其他位置，其差异在于投掷的距离。从少棒（Little League）到职业棒球大

联盟，棒球内野手的投掷距离的范围可以从5 ~ 180英尺（1.5 ~ 55米），具体取决于比赛的要求和在内野中的位置（Axe，Windley 和 Snyder-Mackler 2001）。根据他们在球场上的位置，游击手和二垒手必须能够迅速地对击球做出反应，并且往往必须立即用流畅连续的动作将球投出（投向一垒或三垒）。一垒手往往在每次防守中都朝相同的方向投球（投向二垒或三垒），有时甚至不需要投球，并且不要求反应那么快。外野手由于在球场上的位置，可能必须冲刺较长的距离，并且往往需要一定程度的减速能力，然后再投球。像投球那样，接球也需要上半身和下半身在各种角度的协调移动。棒球和垒球运动员常常需要在接到球后立即投球，因此，他们必须保持某种角度上的平衡，并保持灵敏性，才可以完成连续的任务。

棒球和垒球方案

在为运动员设计方案时，教练需要考虑在具体比赛中的需求以及这项运动的需求。棒球的赛季很长，每周都有多场比赛。因此，非常重要的是，速度、灵敏和反应训练方案要结合并考虑到每周的比赛、技能练习以及力量和体能训练。

下面的方案是专门为棒球内野手设计的。然而，可以为球队中的其他球员调整该方案，改变训练类型、训练量、强度或持续时间。在速度训练中的思路是，球员从一些基本的加速训练开始，然后在第5周改为抗阻训练和辅助训练。每一周都延续前一周的训练，并添加新的训练。在灵敏性训练中，我们使用了快速、短距离的爆发式横向滑步，以应对对击球瞬间做出的快速反应。在第2周里，在快速滑步中加入一只手触地的要求，帮助运动员更高效地俯身接球。在第3周里，运动员要接住教练向其移动方向投出的球。在第5周的T形训练中，运动员向第一个标志桶加速时，教练向两侧的其中一个标志桶掷出球，迫使运动员做出反应，并接住球。一旦球被接住，就可以完成训练。反应训练的重点是降低重心和全身爆发力。实心球训练的重点是旋转爆发力。

	速度		灵敏性		反应	
	1	2	3	4	5	6
第1周	小跳（第48页）5×20码，慢跑到起点，然后重复	下跌启动（第69页）5×30码，步行到起点，然后重复	快速3-5步横向滑步（第101页）步行到起点，然后重复。这等于1次重复；重复10次；两次重复之间10秒RI。提高灵敏性5×45秒组间休息	后跨跑（第250页）10×10码；步行反向重复，然后重复。两	箱子—横向蹬伸训练（第207页）5×10；30秒RI	实心球—面墙+侧椎球（第192页）每边3×10；60秒组间休息
第2周	下跌启动（第69页）5×30码，步行到起点，然后重复	背面阻力（第62页）5×30码，步行到起点，然后重复	快速3-5步横向滑步（第101页），在最后一次滑步中要摸两腿之间的地面。步行到起点，并快速反方向移动。5次重复（=1次重复）。两次重复之间10秒RI；共行2组，90秒RI	口令—冲刺+后退跑（第225页）10×5码后，10码冲刺	剪式跳跃训练（第200页）5×10；50秒RI	实心球—面墙+侧椎球，使用垂直于墙壁的站姿（第192页）每侧3×10；60秒组间RI
第3周	正面阻力（第61页）5×30码，步行到起点，然后重复	搭档辅助的橡胶管加速（第66页）5×30码，步行到起点，然后重复	增加横向滑步，拾球并投球（第101页）5×15；45秒RI	20码正方形（第106页）5×；30秒RI	剪式跳跃训练加向前移动（第200页）5×10码；50秒RI	实心球—面墙+高抛（第193页）5×10；30秒RI
第4周	搭档辅助的橡胶管加速（第66页）5×30码，步行到起点，然后重复	快速高抬腿（第41页）10×10码；20秒RI	30码T形训练（第89页）5×；30秒RI	20码正方形（第106页）加接球和投球 5×；30秒RI	横向滑冰训练（第201页）5×10；50秒RI	单腿实心球—面墙+高抛（第193页）5×10；30秒RI
第5周	快速步频转加速（第53页）10×15（快速步频10码），加速10码）；40秒休息	拉轻滑车（第58页）5×20码；60秒RI	T形移动训练+抛球（第244页）5×；30秒RI	X形多技能（第107页）5×；30秒RI	横向滑冰训练（第201页）5×10码；50秒RI	单腿实心球—面墙+高抛（第193页）5×10；30秒RI
第6周	拉轻滑车（第58页）5×20码；60秒RI	体育场楼梯（第60页）6×5级；30秒RI	V形训练（第126页）5×；30秒RI	X形多技能加接球和投球（第107页）5×；30秒RI	横向滑冰训练（第201页）每个方向5×5码；50秒RI	实心球—面墙+胸前传（第191页）5×10；30秒RI
第7周	体育场楼梯跑（第60页）6×5；30秒RI	上坡加速跑（第60页）6×5；30秒RI	粘滑步（第133页）4×绳梯长度；60秒RI	快速弹起—运动姿+俯卧撑（第233页）5组×5次重复；60秒组间RI	单腿跳（第215页）每条腿5×½绳梯长度	单臂实心球—面墙+胸前传（第191页）每条腿5×10；30秒RI
第8周	上坡加速跑（第60页）6×5秒；30秒RI	高抛实心球转上坡加速跑（第71页和第60页）10×5秒；60秒RI	用粘滑步接球（第133页）½绳梯长度	快速弹起—运动姿+俯卧撑+运动姿（第233页）5组×3次重复，两次重复之间15~20秒休息，两组之间60秒休息。	单腿跳（横向）（第215页）每条腿5×½绳梯长度	单腿单臂实心球—面墙+胸前传球（第191页）每条腿5×10；30秒RI

RI＝休息时间。

第9章

美式和英式橄榄球

安德烈·M.杜波依斯，李·E.布朗，万斯·A.费里格诺

美式橄榄球的特点是，爆发式的高强度活动与短时的被动或主动休息相间隔。需求的方面和水平因位置而不同，但大多数球员都需要具备速度、反应和灵敏性才可以取得成功。在比赛过程中，有些时候会需要多个方向的重复冲刺。在冲刺的过程中，球员可能需要加速、用切入或旋转来改变方向，来躲避或承受身体接触以及减速。任何这些技能都可能要在一场比赛中反复使用。这些移动往往需要与传接、短传、投球或接球等技能协调完成。具体位置的要求会在本章的后面进行讨论。

英式橄榄球像美式的一样，是一种有大量身体接触的高强度运动。英式橄榄球有两种形式，7人制和传统的15人制橄榄球。本节侧重于日益流行的7人制橄榄球；然而，两个版本的要求非常相似，只是规则上略有不同。该比赛分为上下半场，每个半场7分钟，中间有2分钟的半场休息（15人制则是每个半场10分钟）。比赛时间较短，所以一天可以进行多场比赛，对球员的体能要求更高，且受伤的风险也更高。英式橄榄球是一种强度非常高的运动，与15人制相比，7人制对球员的要求更高。对于不同的位置，具体要求略有不同，但总体而言，所有球员都必须具备速度、灵敏性、反应、力量和爆发力。比赛通常被划分成多段高强度的运动，中间用主动或被动的短暂休息相隔。英式橄榄球运动员在场上向各种方向冲刺的时候，必须躲避或承受身体接触。此运动要求反复地加速、直线冲刺、以切入和转身的形式改变方向以及减速。在14分钟的比赛过程中，要重复使用这些技能。球员往往需要在跑动中准确地投球和接球，因此需要上半身和下半身的协调用力。由于高频率的身体接触，球员往往处于易受伤的状态，并且受伤的风险是很高的。速度、灵敏和反应训练可以有助于力量、灵敏、反应和速度的发展，使运动员精通上述每个技能，并帮助减少伤病（Meir，2012）。

虽然在美式橄榄球运动中的位置要求不同，但也有一些速度、灵敏和反应的要求是相同的。GPS跟踪研究表明，在比赛时间为105分钟的单场比赛的过程中，各个位置（攻击、防守、游击）的球员跑动距离为11.7～12.3公里（约7.3～7.6英里），平均速度为6.8～7.5公里/小时（约4.2～4.7英里/小时）。经过进一步的研究，球员完成

237 ～ 248次加速，在1秒内超过4公里/时（约2.5英里/时），并且有77 ～ 89次超过18公里/时（约11.2英里/时）。此外，球员要保持10 ～ 11秒的20公里/时（约12.4英里/时）的速度，并有20 ～ 25分钟在8公里/时（约5英里/时）以上，有4.5 ～ 5.5分钟在18公里/时（约11.2英里/时）以上（Wisbey等人，2010）。这项研究表明，球员在比赛过程中要完成多次高速冲刺。这些冲刺需要加速、变向、减速，并且有时要再次加速。同样重要的是，要记住，与此同时，球员还要尝试躲避或承受对方球员的身体接触，因此要使用切入、转身和灵敏性来保持接触后的平衡。球员需要发展爆发力，在攻防开始时做出反应，并且要发展加速和减速，以完成攻防。变向也是成功的关键，应通过多种方向和移动形式来发展。冲刺长度可从几码变化到最大的109码，具体取决于攻防的长度，因此，应根据位置的要求，培养在此距离范围内的冲刺速度。此外，球员还需要在一场比赛的过程中多次冲刺；因此，反复冲刺能力是成功的关键。更快、更敏捷的球员可以躲避身体接触，并成功地完成攻防。因此，速度、灵敏和反应训练对于运动员的成功是最重要的。

与美式橄榄球类似，英式橄榄球中的位置要求也各不相同，但速度、灵敏和反应也是共同的主题。对精英级别的女子7人制橄榄球运动员的GPS跟踪研究表明，球员在单场比赛中要跑动4.9 ～ 6.5公里（约3 ～ 4英里），后卫的跑动距离大于前锋。我们拆分这个距离，9.5%的距离是中等强度，1.8%是高强度，还有1.2%是冲刺。在比赛过程中的平均速度是4.0公里/时（约2.5英里/时），平均最高速度为22.9公里/时（约14.2英里/时）。在比赛过程中，运动员完成大约5次冲刺，长度范围是从6 ～ 12码或米（Suarez-Arrones等人，2014）。与美式橄榄球类似，这些冲刺需要爆发力、加速和减速，同时还要躲避或承受身体接触。球员在每场比赛中承受705次冲击，其中65次为重击，43次为非常重的撞击，还有6次严重的撞击（Suarez-Arrones等人，2014）。因此，与美式橄榄球类似，速度、灵敏和反应训练应重点发展爆发力、加速、速度、变向、灵敏和减速。

美式和英式橄榄球方案

下面的方案是针对美式橄榄球的跑锋设计的。然而，可以为球队中的其他球员调整该方案，改变训练类型、训练量、强度或持续时间。因为美式和英式橄榄球都有大量的身体接触，应特别注意减少非接触性受伤。球员在开始任何速度、灵敏和反应训练前，必须是健康的。此外，速度、灵敏和反应训练可以帮助降低此类受伤的风险。如同任何运动那样，基于技能的练习应该与力量和体能训练，以及速度、灵敏和反应训练取得平衡。比赛之前应适当减量，因为在整个赛季中的胜负纪录会决定冠军赛的资格。

	速度		灵敏性		反应	
	1	2	3	4	5	6
第1周	腾跃（第44页）5×15码；慢跑到起点，然后重复	小跳（第48页）5×30码；步行到起点，然后重复	多方向跳（第131页）5×15码；30秒RI；在掌程训练后增加速度	之字形通过标志桶（第113页）5×；30秒RI	箱子—横向跨伸训练（第207页）5×10秒；30秒RI	步频跑动训练（第210页）5×绳梯长度；30秒RI
第2周	单腿小跳（第49页）5×20码；步行到起点，然后重复	跨栏（第76页）5×15码；步行到起点，然后重复	20码正方形（第106页）5×；30秒RI	蛇形训练2（第125页）5×；30秒RI	剪式跳跃训练（第200页）5×10秒；50秒RI	步频跑动训练（第210页）每侧5×绳梯长度；30秒RI
第3周	跨栏（第76页）5×15码；步行到起点，然后重复	进进出出（第50页）5×75码；步行到起点，然后重复	20码正方形加接球（第106页）5×；30秒RI	沙袋—横向穿行训练（第156页）5×；30秒RI	剪式跳跃训练加向前移（第200页）5×10码；50秒RI	步频跑动训练加5码通道，并在运动员完成的时候喊出绳梯训练的类型 5×；30秒RI
第4周	进进出出（第50页）5×90码；步行到起点，然后重复	拉安全带（第64页）10×30码；20秒RI	H形移动（第130页）5×；30秒RI	沙袋—横向穿行训练加接球（第156页）5×；30秒RI	横向滑冰训练（第201页）5×10码；50秒RI	弓步跳跃训练（第206页）每条腿5×5；30秒RI
第5周	拉安全带（第64页）10×30码；20秒RI	换档（第50页）5×100码；60秒RI	H形移动加接球（第130页）5×；30秒RI	星形训练（第131页）5×；30秒RI	横向滑冰训练加向前移（第201页）5×10码；50秒RI	弓步跳跃训练（第206页）每条腿5×10；30秒RI
第6周	搭档辅助的橡胶管加速（第66页）6×20码；60秒RI	搭档辅助的橡胶管加速（第66页）6×20码；30秒RI	Z形切入（第113页）5×；30秒RI	星形训练（第131页）5×；30秒RI	横向滑冰训练加横向移动（第201页）每个方向5×10码；50秒RI	正方形方格—镜像训练（第223页）5×30秒；30秒RI
第7周	拉重雪车（第59页）6×20码；30秒RI	拉重雪车（第59页）6×20码；30秒RI	辗转（第87页）5×；步行到起点，然后重复	X形多技能（第107页）5×；60秒RI	牵制对手的训练（第218页）5×30秒；30秒RI	三角形（标志桶）一听口令变向训练（第220页）每条腿5×10秒；30秒RI
第8周	上坡加速跑（第60页）10×5秒；60秒RI	上坡加速跑（第60页）10×5秒；60秒RI	辗转，并在第2次转身时接球（第87页）5×；步行到起点，然后重复	X形多技能加多点接球（第107页）5×；60秒RI	双人搭档抗阻—横向滑步+追逐（第217页）5×30秒；30秒RI	三角形（标志桶）一听口令变向训练加搭档追逐（第220页）每条腿5×10秒；30秒RI

RI＝休息时间。

第10章

篮球和无板篮球

安德烈·M.杜波依斯，李·E.布朗，万斯·A.费里格诺

　　篮球需要结合技巧、速度、灵敏和反应。球员必须跑动（多个方向）、运球、传球、接球、跳跃和投篮，才可以取得成功。在男子NCAA第二级别（NCAA Division II）比赛中，球员要参与多种多方向移动，其中包括跑动、运球，以及各种速度的滑步。在一场40分钟的比赛中，选手的跑动距离为4 500 ~ 5 000米（约2.8 ~ 3.1英里）。我们来分解一下，比赛时间的57%用于走路，33%跑步，9%站立，还有1.5%跳跃（Narazaki等人，2009）。泰勒（Taylor）（2003）对澳大利亚全国篮球联盟（Australian National Basketball League）中的一名球员进行了两年的研究。在所评估的四场比赛中，该球员每场比赛的平均上场时间为35分钟。强度比率（高强度：次最大强度）的结果是1：1.12。在所有的高强度的活动中，有52%持续1 ~ 5秒，有97%持续1 ~ 15秒。对于次最大强度的活动，有38%持续5 ~ 10秒，有25%持续10 ~ 20秒，并且有94%持续1 ~ 20秒。总体而言，每节比赛（暂停之间的时间段）总计19次活动。球员在整场比赛中还会有间歇性停止，每次上场时间总共停止25次。结果比例是1：11（停止：活动），范围是1：10至1：20（Taylor 2003）。这些活动并没有按运动类型进行分解，但我们可以假设，它们包括跑动、跳跃、运球和滑步。

　　类似于其他运动，位置会影响球员的具体要求，并有助于关键变量的引导操纵（第1章）。篮球的位置大致可分为前锋、中锋和后卫。在速度、灵敏和反应的需求方面，前锋和中锋必须能够爆发式跳起，抢篮板，然后投篮（进攻）或者把球传给另一名球员。他们即使在失去平衡的情况下也必须能够做到这一点。在球场上的冲刺持续时间相对较短。运动员在对方球员的压力下可能需要转身、滑步和后撤步，以成功地执行进攻或防守战术。前锋和中锋往往是球队中一些较高大的球员，所以发展跳跃和重复跳跃的能力是很关键的。后卫也需要能够爆发式跳起来抢篮板或投篮。这个动作之后可能是跳跃、转身、滑步或冲刺。后卫往往是带球到前场的球员。这要求后卫冲刺一段中等距离，同时通过快速变向和转身来避开对方球员。针对后卫的速度、灵敏和反应训练应该集中在中等距离的冲刺、快速切入、变向、跳跃和重复跳跃的能力，以及多方向移动能力。

无板篮球是一项国际性运动，其形式与篮球非常相似，但确实存在明显差异。无板篮球的球场为100英尺（约30米）长，50英尺（约15米）宽。球场被纵向分为三等份。在任一端的区域被称为前场区，而中间的区域被称为中场区。在每个前场区内，有一个直径约5米的半圆（投篮区），位于球场末端（国际无板篮球联合会1999）。在比赛过程中，球员被限制在球场上的特定区域。与篮球类似，在投篮区中有一个篮圈，球员必须将球投进10英尺（约3米）高的篮圈中。然而，与篮球不同的是，篮圈后面没有篮板。此外，所有投篮必须在投篮区内打进才能得分，因此在七人队中，只有两名球员能够进球得分。无板篮球比赛分成4节，每节15分钟。球员在第一节和第三节后有3分钟的休息时间，在第二节之后有5分钟的休息时间。

无板篮球要求球员接住球并迅速朝多个方向投球，同时保持平衡。在防守端，球员必须在不与对方球员接触的情况下试图阻止投球。这听起来与篮球这项运动非常相似。然而，不同于篮球的是，球员不能运球，也不能带球跑动。球员需要接住球，然后在3秒钟内出手，同时在投球前只允许转身一次或踏出一步。因此，无板篮球需要通过多种快速的爆发式移动来传球和接球。球员还必须具备在场上跑动［最大33～66英尺（约10～20米），取决于球员的位置］的速度，以完成接球或防守［国际无板篮球联合会1999］。平均而言，在单场比赛可记录到共173次向前跳跃，134次垂直跳跃，以及109次横向跳跃（Lavipour 2009）。在173次向前跳跃中，单脚落地和双脚落地的跳跃次数相同，并且包括转身与不包括转身的跳跃次数也相同。然而，在横向跳跃和向前跳跃中，会更频繁地使用在空中不转身的单脚落地姿势。总体而言，65%的跳跃都是单脚落地，28%的跳跃需要立即再跳一次或快速变向，以完成传球（Lavipour 2009）。因此，跳跃的速度、灵敏和反应是无板篮球的关键成功因素。虽然球员不能带球跑动，但他们必须培养多方向的速度，让自己在正确的位置上，实现战术意图。因此，速度、灵敏和反应训练方案应着重于在多种不同方向和落地方式的反复跳跃中培养灵敏性和反应，以及多个方向的速度训练。

篮球和无板篮球方案

下面的方案是针对强壮的前锋设计的。然而，可以为球队中的其他球员调整该方案，改变训练类型、训练量、强度或持续时间。如同所有运动那样，基于技能的练习应该与力量和体能训练，以及速度、灵敏和反应训练取得平衡，这很关键。在这里给出的速度、灵敏和反应的示例方案有助于提高速度、灵敏和反应，让运动员能够在球场上更好地移动。然而，不应该用这些训练（即使非常有运动项目针对性）取代基础技能的练习，因为球员仍然需要准确地将球交给队友，并将球投入篮圈或争抢篮框。

因为篮球和无板篮球需要爆发式启动和急停，非常依赖于灵敏和反应，这两个运动素质比速度更重要。

	速度		灵敏性		反应	
	1	2	3	4	5	6
第1周	跳到最高和最远（第45页）10×10码；20秒RI	体育场楼梯（第60页）15×10级；45秒RI	绳梯—之字形交叉跨步（第153页）5~7次；步行到起点，然后重复	40码直线跑步（第90页）3~4×；40秒RI	踝关节跳跃训练（第199页）10×20秒；10秒RI	实心球—俯卧撑+横向移动（第195页）5×10；30秒RI
第2周	箭步蹲跳（第77页）每条腿5×5；30秒RI	正面阻力（第61页）5×10码；步行到起点，然后重复	蛇形训练2（第125页）5~7×；步行到起点，然后重复	55码直线冲刺转后撤步（第92页）5×；30秒RI	实心球—俯卧撑+横向移动（第195页）5×10；30秒RI	快速转髋跳跃训练（第206页）7×10码；使用简单的向后跳跃位，回到起点，并立即重新开始
第3周	拉重滑车（第59页）5×10码；30秒RI	跳到最高和最远（第45页）10×10码；20秒RI	星形训练（第131页）5×40秒；20秒RI	星形多技能（第131页）5×20秒；10秒RI	团身跳跃训练（第202页）10×5；30秒RI	实心球—面墙+侧推球（第192页）10×5次推球；30秒RI
第4周	弹跳（第51页）7×15码；30秒RI	体育场楼梯（第60页）20×10级；60秒RI	40码正方形多技能（第123页）5×20秒；10秒RI	之字形多技能（第131页）5×40秒；20秒RI执行传球训练	团身跳跃训练（第202页）加直线移动10×5码；30秒RI	单臂或双臂实心球—面墙+高抛（第193页）5×10；10秒RI
第5周	拉安全带（第64页）10×15码；20秒RI	拉重滑车（第59页）7×15码；45秒RI	15码转身训练（第105页）5~7×；20秒RI	之字形通过标志桶（第113页）10×；20秒RI	单臂实心球—面墙+高抛（第192页）7~8×10；20秒RI	重复纵跳（第203页）10×20秒；40秒RI
第6周	单臂实心球—面墙+胸前传球（第191页）转前进出出（第50页）5×4标志桶，相隔10码；60秒RI	正面阻力（第61页）10×；30秒RI	之字形后退（第114页）10×；20秒RI	X形多技能（第107页）5~7×；20秒RI	快速伸缩复合式俯卧撑（第190页）加拍手10×10秒；30秒RI	重复纵跳（第101页）（3次跳跃，3步向左滑步，3步向右滑步，3次跳跃）4×；60秒RI
第7周	体育场楼梯（第60页）15×10级；20秒RI	搭档辅助的橡胶管加速（第66页）10×15码；45秒RI	X形多技能（第107页）加运球5~7×；20秒RI	E形移动（第128页）加传球5×；20秒RI	弓步跳跃训练（第213页）10×5；40秒RI	障碍跳—变向+冲刺（第205页）10×5码；40秒RI
第8周	上坡加速跑（第60页）10×；30秒RI	实心球—面墙+胸前传球（第193页）转上坡加速跑（第60页）10×5码；60秒RI	E形移动（第128页）加运球或加运球传球5×；20秒RI	H形移动（第130页）加运球5×；60秒RI	单腿跳（第130页）加向前、向后和横向移动中传球每条球腿10×20秒；50秒RI	口令—冲刺+后退跑（第226页），使用多条球场线5×40秒；20秒RI

RI＝休息时间。

第11章

格斗运动

安德烈·M.杜波依斯，李·E.布朗，万斯·A.费里格诺

格斗运动涵盖多种战斗形式，包括但不限于跆拳道、泰拳、柔道、摔跤、擒拿以及综合格斗（MMA）。无论哪种类型，速度、灵敏和反应都是成功的必要条件，对于预防受伤也很重要。格斗运动的性质需要有很强的爆炸力。这些快速动作需要速度、准确性和多个身体部位（包括腿部、手臂和躯干）的协调才可以成功完成击打（Lenetsky，Harris和Brughelli，2013）。此外，双腿是大多数上半身动作的基本驱动力。因此，运动员必须能够在对手从不同方向发起的多种进攻下迅速行动和响应，这些进攻往往在几秒钟之内就会从直立姿势转换到地面战斗。缓慢的结果可能是被对手击中，并且身体会处于损害关节结构（特别是膝盖）的姿势。

鉴于武术有多种形式，在下面的章节中，我们将讨论流行的武术形式对速度、灵敏和反应的要求。

跆拳道和泰拳

跆拳道与泰拳都要求运动员执行多种技能，包括拳击、踢击、膝击、肘击、扭抱、扭倒以及擒拿（Buse和Santana，2008；Turner，2009）。拳击需要三个关节的伸展（踝、膝和髋关节），以及多个关节和肌肉群的同步。踢击、膝击和肘击也需要同样的同步（Turner，2009）。运动员不仅需要迅速而有力地执行上述所有技能，还需要反复执行，因此，有必要通过快速伸缩复合训练发展拉长—缩短周期（Buse和Santana，2008；Turner，2009）。

柔道

柔道是一种非常动态的运动，高强度与较低强度混合在一起。柔道要求运动员快速、高效地完成复杂的技能。这些技能需要摔技、固技和降伏，都是多个关节的协调运动的结果。这些技能需要从多个方向执行，往往从站立到地面，又返回到站立（Henry，2011）。

摔跤

摔跤有多种形式，各自都有特定的规则，但总体而言，所有形式在本质上都是相似的。摔跤手被要求使用其上半身或下半身来攻击和控制对手的身体。速度、力量、灵敏、平衡、反应和协调性对于这项运动的成功至关重要（Ratamess，2011）。这些特点让运动员在攻防中通过扭抱、扭倒和降伏来控制其对手。

综合格斗

综合格斗（MMA）是最近变得流行的运动，它将巴西柔术、泰拳、跆拳道和摔跤融为一体。MMA要求运动员迅速改变方向、转身和完成一系列快速的拳击、踢击和扭倒，基本上就是上述所有格斗运动的技能。要取得成功，运动员必须能够使用多种动作，包括站立击打、扭抱和擒拿。击打可以是远距离或近距离的，包括拳击、踢击、膝击和肘击。扭抱是一种站立形式擒拿，可以包括近距离肘击和膝击，以及绊倒、摔技和扭倒。擒拿要求运动员执行类似于摔跤的动作，包括拿住、固技和降伏。高强度的突击往往需要在多个方向完成上述三个动作的组合（Lenetsky和Harris，2012）。因此，运动员需要发展多个方向的速度、灵敏和反应，包括从站姿到地面，然后再回到站姿。快速伸缩复合训练不仅可以提高运动成绩，也有助于预防受伤，特别是女性运动员的膝关节（Schick，Brown和Schick，2012）。

格斗运动方案

速度、灵敏和反应的发展不仅对格斗项目的运动员取得成功起到重要作用，还可以预防受伤。动作慢可能导致被击中或踢中，甚至被对手成功扭倒和降伏。因为这项运动中有许多扭绞动作，速度、灵敏和反应训练还可以帮助保护关节，尤其是膝关节。即使拳击被认为是上半身动作，但它们是从下半身发起的。因此，下肢训练应受到重视。由于这项运动带有攻击性，相对于其他运动项目来说，运动员在一年中参加的比赛场次会较少。总之，MMA需要技巧、力量、速度、灵敏和反应的综合训练，但还必须包括相应的训练周期和休息，以避免过度训练。

建议运动员在休赛期中，每周进行两次速度、灵敏性和反应训练，在赛季中则每周一次。

	速度		灵敏性		反应	
	1	2	3	4	5	6
第1周	跳到最高和最远（第45页）10×15码；20秒RI	体育场楼梯（第60页）15×10级；45秒RI	后滚翻（第170页）10～12×	40码正方形多技能（第123页），熊爬4组：组间休息75秒	跳绳（第199页）5×3分钟；60秒RI	快速弹起—跪手撑到运动姿（第230页）10×没有RI或3～5组，组间40秒RI
第2周	跳到最高和最远（第45页）10×15码；20秒RI	拉重滑车（第59页）5×15码；30秒RI	后滚翻（第170页）10～12×	40码正方形多技能（第123页）：在每个标志桶处，下蹲并前进、站起来4组；组间休息75秒	快速摆动、躲避和格挡（第214、216、215页）5～7×45秒；15秒RI；每个训练的混合	团身跳跃训练加前、向后，横向或旋转转动作（第202页）10×10跳；30秒RI
第3周	筒步蹲跳（第77页）每条腿5×5；30秒RI	上坡到平路的对比快跑（第78页）10×20码；60秒RI	前滚翻（第169页）10～12×	10次快速伸缩复合式俯卧撑（第190页）转星形训练（第131页）5×；60～90秒RI	双人搭档—镜像冲刺（第218页）5×；30秒RI	跳绳（第199页）10×45秒；15秒RI；以尽可能高的速度跳跃；结合单腿跳
第4周	正面阻力（第61页）10×10码，步行到起点，然后重复	体育场楼梯（第60页）15×10级；30秒RI	前滚翻+后滚翻（第171页）10～12×	Z形切入（第113页）在每个标志桶处执行熊爬加俯卧撑5个标志桶×5次俯卧撑；60秒RI	团身跳跃训练（第202页）在绳处转快速摆动（第214页）5×10次跳跃转45秒快速摆动；60秒RI	转团身跳（第202页）10×，没有RI；3～5组，40秒组间RI
第5周	双人搭档—镜像冲刺（第218页）5～7×；30秒RI	拉重滑车（第59页）5×20码；30秒RI	实心球—前抛、反弹并接球转任意姿势翻滚（第183页）5～7×10；60秒RI	粘滑步（第133页）在绳梯末端执行双手撑姿势、弹起、并滑步回到起点5×；60秒RI	双人搭档—镜像冲刺（第218页）转打靶手套（第239页）45秒冲刺和5×打靶手套；40秒RI	高抛实心球（第71页）5×30秒；15秒RI
第6周	拉安全带（第64页）10×20码；20秒RI	快速弹起—坐姿到运动姿（第231页）转弹跳（第51页）8×10码；30秒RI	50步登山者转加速（第57页）转3次跪姿前滚翻（第169页）3×；60～90秒RI	回转跳（第141页），执行向双人俯卧撑姿势；执行向前和向后跳5×60～90秒RI	高抛实心球（第71页）5×转实心球对墙单臂胸部传球5×。用另一只手臂重复。执行组合训练5×；45秒RI	单臂实心球—面墙+胸前传球（第191页）每侧10×10；30秒RI

	速度		灵敏性		反应	
	1	2	3	4	5	6
第7周	筒步蹲跳（第77页）每条腿8×5；30秒RI	快速弹起—仰卧姿到运动姿（第232页）转下坡快跑（第78页）10×15码；30秒RI	回转跳（第141页）执行半龟梯双手俯卧撑姿势；执行弹起，并执行躲避训练（第216页）45秒；一组重复3×。3～5组；90秒RI	粘滑步（第133页）执行双手俯卧撑姿势；来回完成绳梯；弹起，并用脚执行来回滑步5×；60秒RI	快速弹起—运动姿+仰卧趴+运动姿（第233页）转实心球横向滑步加传速（第101页）10×20秒；20秒RI	箱子—俯卧撑+横向移动（第197页）每侧10×10；30秒RI
第8周	快速弹起—运动姿+俯卧趴+运动姿（第233页）转上坡加速跑（第60页）10×10码；60秒RI	拉重滑车（第59页）8×15码；30秒RI	单腿跳（第52页）转之字形通过标志桶（第113页）。（这是一个针对动力的速度训练，结合一个针对针对性的灵敏性训练。）3～5次弹跳至10个标志桶；每条腿3～5组	40码直线冲刺（第88页）转10次爆发式斜拉（第198页）4～5×；RI在运动员可以承受范围内尽可能短	前、后翻滚+反应训练（第241页）转格挡训练（第215页）、快速摆动训练（第214页），或躲避（第216页）；运动员首先翻滚，弹动或做穿行反应；摆动或穿行反应时，喊出格挡，运动员再次翻滚、弹起，以反复完成训练5×45秒；60秒RI	实心球—面墙+胸前传球（单臂单腿）（第191页）每侧10×10；30秒RI

RI＝休息时间。

第12章

田径

安德烈·M.杜波依斯，李·E.布朗，万斯·A.费里格诺

田径是一项多学科运动，包括短跑、耐力跑、跳跃和投掷。跑得最快，跳得最高，并投出最远距离的运动员是优胜者；因此，无论具体是哪个项目，速度和反应的发展都是成功的关键。灵敏性在该运动中并不是主角。短跑要求下半身的肌肉协调用力，才能够有效地产生速度（Kyröläinen，Komi和Belli，1999；Kyröläinen，Avela和Komi，2005；Miller，Umberger和Caldwell，2012）。研究表明，提高拉长—缩短周期的敏感性，可以提高短跑的速度（Kyröläinen，Komi和Belli，1999；Miller，Umberger和Caldwell，2012；Komi，2000）。因此，在训练方案中快速伸缩复合训练可以带来更好的运动表现（Brown和Vescovi，2012；Behrens和Simonson 2011）。跳跃和投掷运动要求运动员快速产生下肢和上肢爆发力，往往要协调同步。一般来说，田径可分为四组运动员：短跑运动员、长跑运动员、跳跃类运动员和投掷类运动员。理解其中每一类运动员的要求，可以有助于指导如何选择训练内容，并操控针对解决运动员具体需要的关键变量。

短跑运动员

短跑运动的长度范围是从100～400米。短跑的成功取决于在比赛开始时的快速反应、离开起跑器后的加速，以及在比赛过程中的直线速度。跨栏运动员是一种独特的短跑运动员，他们不仅需要发展与短跑运动员类似的直线速度，还要有效地协调其肌肉，在跨过栏时保持这种速度。在精英级的跨栏运动员身上，这种跳跃看起来就像是夸张的跨步，要求运动员发展特殊的技能去推动他们在垂直方向过栏，并在水平方向保持速度。速度、灵敏和反应训练将有助于发展这些技能，以及所需的平衡性。

长跑运动员

田径的长距离项目的长度范围可以从800～10 000米。虽然最大直线速度不是这些运动员的主要训练重点，但直线速度确实会影响成绩。很多时候，在一场赛跑过程中，运动员需要突然发力，超过赛道上的竞争对手。这种突然发力要求加速、速度，以及平滑的减速，以回到运动员自己的节奏。在赛跑的末段，直线速度和加速也非常重要，因为即使是长距离项目，也有可能需要靠摄像来判定胜负。因此，直线速度和加速对于运

动员的成功起着非常重要的作用。像跨栏运动员那样，障碍赛选手是长跑运动员中的一个特殊组别，他们必须在跳过大障碍物时保持自己的跑动速度，其中一个障碍物是水坑。这些运动员必须培养使他们能够垂直和水平地推动自己的技能，才能安全地越过这些障碍。

跳跃类运动员

跳跃项目包括跳远、三级跳远、跳高和撑杆跳。每个项目都有稍微不同的要求，但都高度依赖于运动员在冲刺后单腿起跳的协调能力。在跳远和三级跳远中，运动员必须以一致的方式迅速沿跑道加速，使自己能够从指定位置尽可能准确地起跳。然后，运动员必须将在冲刺中积累的能量成功转移到单腿的水平起跳。在三级跳远中，运动员必须在完成最后一下跳远之前执行两次跨跳，或者说弹跳。在这些跳跃的过程中，重要的是，运动员要保持在冲刺过程中积累的速度。在跳高中，运动员还必须向起跳位置加速，但是这是以弧线方式完成的，这样运动员才可以背对横杆起跳。与跳远和三级跳远不同，这个运动员的目标是跳得尽可能高，因此，成功依赖于将来自跑动的水平能量转换成垂直能量的能力。撑杆跳高运动员需要迅速加速，并沿着跑道冲刺，同时还拿着一根长度可能为15英尺（约4.5米）或更长的撑杆。在冲刺结束时，运动员须将撑杆的一端放在插斗里，同时一只脚起跳，并将双腿摆动到空中。这就要求运动员高效地协调自己的上半身和下半身的动作。不管哪种跳跃项目，速度和灵敏都是重要的训练内容，它们将有助于运动员提高成绩。

投掷类运动员

投掷项目包括链球、铅球、铁饼和标枪。在不同的项目中，投掷技术和投掷物体的重量均不同，但在所有的项目中，成功都取决于能否通过下肢和上肢的协调用力来积累旋转动力。铁饼和链球运动员在放手之前都要迅速旋转，这要求快速、协调的脚步动作。标枪运动员在放手之前要助跑，因此需要积累下肢速度和加速，与投掷动作协调。虽然铅球运动员在投掷前的运动有限，但其成功依赖于快速旋转加速。

田径方案

速度、灵敏性和反应训练对于每一个田径项目都很重要，应纳入定期的训练方案中。然而，速度是影响竞赛类项目成功的主要因素。与传统的体育项目不同的是，田径运动员每年可能只参加几场运动会，参赛资格往往只要求运动员在指定的赛季中达到规定的成绩一次。因此，他们有更多的时间可以专注于训练，而周期训练应反映出在重大赛事之前的适当减量。虽然下面的方案是针对100米和110米跨栏运动员设计的，但可以通过改变训练类型、训练量、强度或持续时间，为其他田径项目进行调整。

	速度		反应	
	1	2	3	4
第1周	小跳（第48页） 10×10码；步行到起点，然后重复	下跌启动（第69页） 10×10码；步行到起点，然后重复	踝关节跳绳训练（第199页） 10×15；20秒RI	步频跑动训练（第210页） 5×；步行到起点，然后重复
第2周	打墙训练（第35页） 7×；步行到起点，然后重复	跨栏快腿（第77页） 7×；步行到起点，	剪式跳跃训练（第200页） 每条腿5×5；30秒RI	实心球快速弹起—坐姿到运动姿（第183页） 7×15码；30秒RI
第3周	推墙训练（第36页） 转绳梯快跑加冲刺（第154页） 5×；30秒RI	后踢腿加速（第42页） 10×；30秒RI	粘滑步（第133页） 7×；步行到起点，然后重复	横向滑冰训练（第201页） 7×10秒；20秒RI
第4周	箭步蹲跳（第77页） 每条腿5×5；30秒RI	上坡加速跑（第60页） 10×15码；60秒RI	单腿跳（第213页） 7×；步行到起点，然后重复	障碍跳跃训练（第204页） 6×3次跳跃；30秒RI
第5周	跳到最高和最远（第45页） 7×20码；30秒RI	体育场楼梯（第60页） 10×10级；30秒RI	箱子—横向蹬伸训练（第207页） 每条腿5×10；45秒RI	剪式跳跃训练（第200页） 每条腿7～8×5；30秒RI
第6周	对比降落伞跑（第80页） 7×20码；45秒RI	弹跳（第51页） 7×15码；30秒RI	障碍跳—变向+冲刺（第205页） 5×（加20码冲刺）；45秒RI	绳梯—较髋跳+反应训练（第249页） 8×；步行到起点，然后重复
第7周	下坡快跑（第78页） 10×15码；45秒RI	搭档辅助的橡胶管加速（第66页） 10×20码；45秒RI	弓步跳跃训练（第206页） 每条腿10×5；60秒RI	步频跑动训练（第210页） 10×；步行到起点，然后重复
第8周	单腿跳（第52页） 每条腿5次×4组；30秒RI	子弹腰带（第65页） 10×20码；60秒RI	实心球快速弹起—坐姿到运动姿（第183页） 8×20码；60秒RI	横向滑冰训练（第201页） 5～7×10秒；20秒RI

RI = 休息时间。

第13章

足球

安德烈·M.杜波依斯，李·E.布朗，万斯·A.费里格诺

　　足球是一个需要爆发式用力的运动，并且在本质上是有氧运动。对女子足球运动员的运动模式的评估发现，她们每场比赛的跑动距离可达9.1～11.9公里（约5.7～7.4英里）。这些跑动不仅包括次最大有氧运动，还有冲刺和跳跃。对这些跑动的进一步研究表明，一名女足球运动员每场比赛将参与平均250次激烈的无氧运动。这包括39%的重复冲刺，并且运动员被要求每90秒就要冲刺2～4秒。在这些冲刺中，速度是成功的关键，因为它决定了球员是否能获得控球权、射门得分，或防守球门。一位女子足球运动员在每场比赛中将冲刺共1 025米（约0.6英里）（Turner等人，2013）。

　　冲刺并不是足球运动员的唯一需求。进一步的分析表明，在单场比赛中，女球员参与111次带球活动，并改变方向90～100次。在这些活动中，运动员必须踢球、转身、跳跃、加速、减速和切入（Turner，Munro和Comfort，2013）。加速和减速都会在多个方向并且从不同的起点发生。例如，球员可能会接到球，然后马上转身90～180度，并朝一个新的方向冲刺。进攻或防守时的无球跑动中，球员需要在比赛过程中使用后撤步和侧滑步（Jeffreys，2008）。因此，为什么速度、灵敏和反应训练是足球成功的关键，这应该是显而易见的。更快、更具爆发力的球员将能够通过任一脚的控制或头球来获得控球权，保持控球，带球上前场，并成功得分。对于防守位置，更快、更具爆发力的运动员能更好地防守对方球员，从而防止突破和射门。

　　一般来说，在比赛过程中，足球运动员在进攻和防守方面的责任都需要执行。根据球员的具体任务，其责任的相对分布可能有所不同。总体而言，足球运动员必须具备一些基本技能，包括加速、速度、变向和减速。球员还需要协调身体各部分来带球、传球、踢球和头球，以及跳跃和拦截，以获得控球权。一般来说，足球冲刺距离为5～30码，通常包括无球跑动，但是在跑动开始或结束时可能会接触到球（Hedrick，1999）。

足球运动员对进攻和防守的要求依赖于相同的基本技能。当接到队友传过来的球时，足球运动员需要通过盘球、踢球或传球，带球上前场。接球的基本行为可能需要快速加速跑向球，沿着球路改变方向，以及跳跃。当运动员将球带向前场时，她必须躲避对方球员，并且可能需要切入、转身和穿行。这些运动往往涉及在快速执行之后要迅速加速。在防守端，球员必须能够迅速加速到战术位置，试图从对方球员脚下抢到球。球的争夺可能包括跳起顶球、冲刺去拦截球，或者用预判来断球。在任何这些例子中（进攻和防守），更快、更敏捷的球员可以获得和保持控球权。因此，反应更快、速度更快、更敏捷的球员是更成功的球员。

足球方案

足球运动员，尤其是女性，会有较高的前十字韧带受伤风险。速度、灵敏和反应训练可以降低这种风险。此外，足球运动员（门将除外）还有同时保持有氧能力和无氧爆发力的独特责任。由于存在这些相互矛盾的要求，教练将无法完全开发出这些特点的最大潜能。无论如何，速度、灵敏和反应训练都应与有氧训练、基于技能的练习和抗阻训练一起执行。足球（国际赛事）是一项全年的运动。通常情况下，你无法选择重要赛事（如世界杯），或者希望运动员在什么时候达到状态高峰，因为足球需要通过多轮资格赛才可以进入总决赛。因此，应采用变化更复杂的周期训练方案。

建议运动员在休赛期中，每周进行两次速度、灵敏性和反应训练，在赛季中则每周一次。

	速度		灵敏性		反应	
	1	2	3	4	5	6
第1周	跑踏（第43页）10×10码；步行到起点，然后重复	下跌启动（第69页）10×10码；步行到起点，然后重复	40码直线后撤步转冲刺（第91页）5×；20秒RI	粘滑步（第133页）4×；15秒RI	快速弹起－跑手臂到运动姿（第230页）转10码冲刺5×；15秒RI	实心球－面向墙+高抛（第193页）5×10；20秒RI
第2周	绳梯－快跑+冲刺（第154页）7×；步行到起点，然后重复	换档（第50页）4×；步行到起点，然后重复	40码直线滑步（第90页）5×；20秒RI	进出滑步（第134页）7×；15秒RI	快速弹起－跑手臂到运动姿（第230页）转半绳梯步（第133页）5×；15秒RI	实心球－面向墙+高抛加单腿拳（第193页）每条腿5×5；20秒RI
第3周	下跌启动（第69页）转绳梯－快跑+冲刺（第154页）5×；30秒RI	换档（第50页）；标志桶相隔10码，转Z形跑动（第108页）下一组隔4×；90秒RI	Z形切入（第113页）6×；4个标志桶；20秒RI	沙袋－横向穿行（第156页）8×；20秒RI	正方形方格－镜像训练（第223页）8～10×15秒；45秒RI	听口令后撤步和切线（第276页）10×10秒；50秒RI 改变运动技能
第4周	上坡加速跑（第60页）10×；30秒RI	进出出（第50页）标志桶相隔15码 5×；40秒RI	辗转（第87页）5×；40秒RI	组合之字形（第114页）5×；30秒RI	正方形方格－镜像训练（第223页）8～10×15秒；45秒RI	障碍蹲跳训练（第204页）6×3次跳跃；30秒RI
第5周	上坡加速跑（第60页）10×15码；60秒RI	下跌启动（第69页）转标志桶（第113页）5×；40秒RI	之字形通过标志桶（第113页）6×；20秒RI	60码直线冲刺（第89页）8～10×；60秒RI	双人搭档抗阻－追逐（第217页）5～7×；20秒RI	障碍跳－变向+冲刺（第205页）8～10×；40秒RI
第6周	上坡加速跑式（第60页）在换档式中执行（第50页）10×；60秒RI	弹跳（第51页）7×15码；30秒RI	之字形通过标志桶（第113页）使用5标志桶，加运球，转辗转（第87页）6×；40秒RI	55码直线冲刺转后撤步（第92页）8～10×；60秒RI	三角形（标志桶）一听口令变向训练（第220页）5×；40秒RI	横向障碍跳－变向+冲刺（第205页）8～10×；40秒RI
第7周	弹跳（第51页）加后撤步到起点，然后重复5×15码；90秒RI	拉安全带（第64页）5×15码；40秒RI	沙袋－轮式训练（第157页）8～10×；40秒RI	H形移动（第130页）5×；40秒RI	口令－冲刺+后退跑（第226页）10×15码；40秒RI	三角形（标志桶）一听口令训练加换档变化（第220页）5×；40秒RI
第8周	单腿跳（第52页）5次×4组；结合在其中一个标志桶训练中每条腿5×	子弹腰带（第65页）10码；在释放后，结合在标志桶训练中，加上球类技能	沙袋－轮式训练（第157页）转任意标志桶训练8～10×；40秒RI	H形移动（第130页）转球类技能5×；40秒RI	绳梯－后退并步+反应训练（第246页）5～7×；20秒RI	横向滑冰训练（第201页）转任意标志桶变化5～7×；20秒RI

RI＝休息时间。

274

第14章

曲棍球

安德烈·M.杜波依斯，李·E.布朗，万斯·A.费里格诺

    曲棍球是结合了美式橄榄球、足球、篮球和冰球的生理要求。像足球那样，曲棍球既需要有氧能力，也需要无氧爆发力。在比赛过程中，运动是间歇性的，因为球员要交替经过爆发式用力、高强度运动，以及主动和被动的休息期。在比赛的过程中，冲刺、慢跑和步行之间的比例要取得平衡。球员需要在多种方向上完成频繁的爆发式运动，并且涉及方向的快速变化。其中有些技能类似于篮球，因为球员必须切入和转身，同时要继续保持爆发力和速度。攻防动作的快速变化也是成功的关键（Gutowski和Rosene 2011）。球员必须具备下半身的速度和灵敏性，而这些动作必须与投掷和接球技能相协调。投掷和接球要求在与对方球员有身体接触的压力下快速且准确的完成。因此，速度、灵敏和反应训练可以帮助发展在球场上移动所需的下半身爆发力，以及在动态和全面身体接触的情况下保持平衡和投接球准确性所需的灵敏性。

    虽然球员间的位置职责各不相同，但所有位置都依赖于运动员的速度、灵敏和反应来获得成功。在进攻端，运动员的主要职责是进球。为此，运动员必须具备速度、灵敏和高超的用棍技能。成功取决于比对方球员跑得快，并避免与对方球员身体接触的能力，因此，要求方向的快速变化，以及加速和减速（Gutowski和Rosene 2011）。这些运动需要与准确的传球和接球，以及射门相协调。当在比赛中有身体接触时，球员必须保持平衡，并且能够再次加速，或快速反应并把球传给队友。如在棒球中那样，需要发展上肢和下肢的速度、灵敏和反应的协调能力，以执行上述的技能。动作慢的球员将被击中，并有可能失去对球的控制；因此，快速且敏捷的球员将会获得成功。在防守端，球员还必须具备快速加速、改变方向和减速的能力，以防止对方球员进球或成功传球给队友。就像足球那样，球员需要快速切换攻防职责，这是很平常的。

曲棍球方案

　　曲棍球是一种有大量身体接触的运动，球员在88%的比赛过程中会有身体接触。因此，接触性受伤是极为普遍的。重要的是，运动员要参加速度、灵敏和反应训练。即使速度、灵敏和反应训练在防止接触性受伤方面的能力有限，但它可以帮助降低某些非接触性受伤的风险，从而限制在整个赛季中的总受伤次数。还应该强调的是，不能使用速度、灵敏和反应训练来代替具体的控球训练。准确的传球和接球需要针对特定技能的灵敏和准确性，并且需要长时间反复练习来培养。如同所有运动那样，基于技能的练习应该与力量和体能训练，以及速度、灵敏和反应训练取得平衡。

	速度		灵敏性		反应	
	1	2	3	4	5	6
第1周	单腿快跳（第75页）每条腿5×；45秒RI	换档（第50页）5×；60秒RI	多方向跳跃（第131页）5～7×25码；60秒RI	30码T形训练（第89页）4～6×；30秒RI	三角形（标志桶）一听口令变向训练（第220页）8×20秒；20秒RI	单臂实心球—面偏+胸前传球（第191页）每侧手臂3～4×10；30秒组间RI
第2周	交替快跑（第75页）5×；45秒RI	上坡加速跑（第60页）5～7×15码；60秒RI	蛇形训练1（第124页）6～8×；30秒RI	60码直线冲刺（第89页）4×；40秒RI	躲避球（第279页）4×45秒；15秒RI	快速弹起—跪手支撑到运动姿（第230页）转冲刺5～20码；30秒RI
第3周	交替快跑（第75页）5×；45秒RI	上坡加速跑（第60页）5～7×15码；60秒RI	蛇形训练2（第125页）5～7×；40秒RI	55码直线冲刺转后撤步（第92页）4×；40秒RI	实心球斗牛（第180页）5～7×20秒；40秒RI	三角形追逐训练（第220页）8×15秒；45秒RI
第4周	降落伞跑（第79页）5×20码；60秒RI	上坡到平路的对比快跑（第78页）5～7×15码；60秒RI	前后进出跑步（第134页）加速跑6～8×；30秒RI	100码直线往返（第93页）4×；60秒RI	正方形方格—镜像训练（第223页）5～7×20秒；40秒RI	听口令后撤步和切防线（第276页）5×15～20码
第5周	对比降落伞跑（第80页）5×20；45秒RI	上坡加速跑（第60页）5～7×15码；60秒RI	交叉滑步（第152页）转基本的40码模式（第49页）5～7×；45秒RI	Z形切入（第113页）转转转（第87页）5×；40秒RI	实心球横向滑步加传球（第181页）加变向反应6～8×20秒；60秒RI	双人搭档—镜像冲刺（第218页）5～7×20码；40秒RI
第6周	下坡快跑（第78页）4～6×15～20码；步行到起点，然后重复	拉安全带（第64页）5～7×15码；60秒RI	粘滑步（第133页）转40码正方形卡里奥卡（第109页）5～7×；90秒RI	之字形通过标志桶（第113页）转15码转身训练（第105页）用框和球执行；用时7完成训练5～7×；90秒RI	牵制对手的训练（第218页）6～8×20秒；60秒RI	快速弹起—跪手支撑到运动姿（第230页）转双人搭档—镜像冲刺（第218页）5～7×20码；40秒RI
第7周	下坡到平路的对比快跑（第79页）4～6×15～20码；步行到起点，然后重复	子弹腰带（第65页）5～7×15码；60秒RI	辗转（第87页）5～7×；60秒RI	星形训练（第131页）5～7×；75～90秒RI	正方形方格（第223页）加传球5～7×；20组；40秒RI	双人搭档抗阻—横向滑步+追逐（第217页）5～7×；40秒RI
第8周	搭档辅助的橡管加速（第66页）5～7×15码；60秒RI	拉重滑车（第59页）6～8×20码；90秒RI	Z形跑动（第108页），并慢跑10码到另前动，执行一项技能5～7×；60秒RI	快速弹起—跪手支撑到运动姿（第230页）转V形训练（第126页）6～8×；45秒RI	高抛实心球（第71页）转8字形标志桶训练（第132页）；3次爆发性地球，转8字形5×；10秒RI	后滚翻（第170页）加爆起，转20码往返（第86页）5～7×；60秒RI

RI＝休息时间。

277

第15章

网球和羽毛球

安德烈·M.杜波依斯，李·E.布朗，万斯·A.费里格诺

网球这项运动的成绩与速度、灵敏和爆发力相关。细分每一个活动中花费的时间，我们可以看到，球员在每一分要花费4 ~ 10秒参与高强度活动（Fernandez–Fernandez等人，2009）。国际网球联合会（International Tennis Federation）要求两分之间休息20秒（主动恢复），两局之间休息90秒（坐在场边），以及两盘之间120秒休息（坐在场边）（ITF，2013）。这些时间安排导致平均比赛时间为1.5小时（1 ~ 5小时或以上的范围）（Fernandez–Fernandez，2009）。球场的地面可以极大地影响活动的持续时间和要求。红土球场通常会导致球速较慢，让球员有更多的时间击球，而硬地球场的速度更快，需要更多爆发式用力活动（Fernandez–Fernandez，2009）。因此，在红土球场上，20% ~ 30%的比赛时间用于打球，而在硬地球场上，只有10%~15%的比赛时间花在打球上。

在一分的动作中，球员必须快速改变方向，较短的时间加速，并完成有力的击球。发球速度可以高达每小时130英里（即210公里/时），要求球员快速响应并回球。平均来说，球员的每一拍需要跑3码，每一分需要跑8至15码，其中包括4次变向。在一场比赛中，球员可能要跑1 300 ~ 3 600码，具体取决于球场的地面情况。当研究球员在每一拍所需的移动距离时，我们发现，80%的击球（通常一分需要2.5 ~ 3次击球）发生在距离球员2.5码或米的范围内，并且以站姿完成。10%的击球发生在距离球员2.5 ~ 4.5码或米的范围内，并需要滑动。不到5%的击球发生在4.5码或米的范围以外，要求跑动模式（Fernandez–Fernandez等人，2009）。至于方向，47%的击球需要向前运动，48%需要横向移动，还有5%要求向后运动。总体而言，快速反应与横向移动对于网球的成功很关键，运动员必须能够快速改变方向（Parsons和Jones，1998）。

羽毛球也需要爆发式用力和高速反应移动，因为羽毛球的飞行速度可达到每小时206英里（约332公里/时）。要在羽毛球项目中取得成功，运动员需要对发球有快速反应，使自己能够接到球，并有效地回球给对方球员。移动距离虽然不长，但要非常快速和有爆发力，并且可能发生在多个方向。在这种爆发式移动中，球员还必须能够保持良好的身体姿势，同时迅速改变方向，向前、向后和向两侧。因此，灵敏性训练是非常重要的（Sturgess 和 Newton，2008）。

网球和羽毛球方案

因为网球更需要灵敏性和反应，很少需要真正的速度，所以速度训练保持在最低水平，其主要重点是腿部力量和耐力。我们也假设这名网球选手在硬地球场和红土球场上都要比赛。因此，将需要穿着网球鞋在各种场地类型上完成灵敏性训练。最后，网球平均每分持续10~25秒，但在最高级别的比赛可能要持续4~5小时。因此，尽管网球在本质上是一种无氧爆发力运动，但它需要在比赛后段的盘中保持极好的身体素质。因此，比赛水平越高，需要的工作量就越大，让运动员为更长时间的比赛做好准备。大部分训练之间采用20~90秒间歇。

	速度		灵敏性		反应	
	1	2	3	4	5	6
第1周	进进出出（第50页）5×；30秒RI	跳到最高和最远（第45页）5×10码；20秒RI	30码T形训练（第89页）在球场底线到发球线之间执行5×；20秒RI	20码往返（第86页）5×；20秒RI	多方向跳跃（第131页），采用视觉指令10×10秒	开合跳（第209页）听口令改变顺序10×20秒RI
第2周	跳到最高和最远（第45页）转T形训练（第89页）5×；20秒RI	拉轻滑车（第58页）5×10码；20秒RI	20码往返（第86页）加捡球7×；20秒RI	40码直线滑步（第90页）5×；60秒RI	开合跳（第209页）加移动；听口令变顺序10×20秒	跳绳加多方向跳跃（第208页），听口令令变顺序10×20秒
第3周	拉轻滑车（第58页）5×10码；20秒RI	跳到最高和最远（第45页）转后蹬跑（第250页）5×10码；20秒RI	40码直线滑步（第91页）5×；60秒RI	40码直线滑步（第90页）5×；60秒RI	跳绳加多方向跳跃（第208页）加改变顺序10×20秒	快速发射（第240页）10×；20秒RI
第4周	拉重滑车（第58页）8×10码；20秒RI	上坡加速跑（第60页）5×20码，步行到起点，然后重复	40码直线滑步（第90页）加用对侧的手触球5×；60秒RI	40码直线后撤步转冲刺（第91页）5×；60秒RI	快速发射（第240页）加触线10×；20秒RI	侧滑步反应（第228页）边线到边线、触模标志桶10×20秒；20秒RI
第5周	上坡加速跑（第60页）加负重青心球10×10码	拉重滑车（第59页）10×20码；60秒RI	40码直线后撤步转卡里奥卡（第91页）5×；60秒RI	40码正方形卡里奥卡（第109页）5×；60秒RI	侧滑步反应（第228页）加速到边线，使用视觉提示20秒×20秒RI	实心球对墙侧投（第192页）每侧10×5次；两侧转换没有RI；组间20秒RI
第6周	体育场楼梯（第59页）10×20码；60秒RI	体育场楼梯（第60页）10×10级；60秒RI	40码正方形卡里奥卡109页5×；60秒RI	星形训练（第131页）5×；60秒RI	横向滑步（第101页）加实心球—面端+侧椎球（第192页）10×15秒；30秒RI	卡里奥卡步（第138页）使用视觉提示5×；20秒RI
第7周	体育场楼梯（第60页）转上坡加速跑（第60页）4次抛球并冲刺；中间没有RI；组间90秒RI	高抛实心球（第78页）转上坡加速跑（第60页）4次抛球并冲刺；中间没有RI；组间90秒RI	星形训练（冲刺~卡里奥卡步~后撤步）（第131页）5×；60秒RI	55码直线冲刺转后撤步（第92页）5×；60秒RI	卡里奥卡步（第138页）加速到边线、边线到边线5×；20秒RI	横向滑冰训练（第201页）10×10秒；20秒RI
第8周	实心球—面端+侧椎球（第192页）转上坡加速跑（第60页）4次抛球并冲刺；中间没有RI；组间90秒RI	下坡加速跑（第78页）5×20码，步行到起点，然后重复	55码直线冲刺转后撤步（第92页）5×；60秒RI	V形训练（第126页）5×；60秒RI	横向滑冰训练（第201页）转T形训练加检球5×；20秒RI	半绳梯（第213页）加截击反应10×；20秒RI

RI＝休息时间。

第16章

美式墙网球和壁球

安德烈·M.杜波依斯，李·E.布朗，万斯·A.费里格诺

美式墙网球和壁球都是快节奏的运动，需要短程爆发式移动和快速的反应。为了获得成功，球员必须具备各种方向的速度和灵敏性，包括向前、两侧和向后。因为球场较小，冲刺都非常短，并且经常要使用弹跳、跨越、跳跃和俯冲来接到球。球员不仅要对对手击出的球迅速做出反应，还要能够有力地回球。这通常需要改变方向和准确地击球的能力。这些要求与网球项目非常相似。因此，从进攻的角度来看，一个好球员可以把球打到球场上的精确位置。从防守的角度来看，球员要拥有在多个方向的速度、灵敏和反应能力，在球场上的任何位置都能接到球（美国墙网球，2008；世界壁球总会，2010）。

美式墙网球和壁球方案

美式墙网球和壁球都在狭窄区域内进行（世界壁球总会，2013）；因此，速度、灵敏和反应训练的设计应该针对短程爆发式活动。球员需要协调下半身和上半身的动作，以提高击球的准确性。像其他运动项目一样，不应为了准确性就用这种训练取代基于技能的训练，应该用这种训练来帮助球员更有爆发力的完成技能动作。

	速度		灵敏性		反应	
	1	2	3	4	5	6
第1周	跳到最高和最远（第45页）10×10码；慢跑到起点，然后重复	下蹲启动（第69页）10×15码；步行到起点，然后重复	卡里奥卡步（第138页）每条腿10×10码；步行到起点，然后重复	交叉步（第152页）5×；步行到起点，重复	步频跑动训练（第210页）5×；30秒RI	实心球—面墙＋侧椎球（第192页）每侧3×10；60秒，组间RI
第2周	下蹲启动（第69页）10×15码；步行到起点，然后重复	正面阻力（第61页）10×15码；步行到起点，然后重复	20码正方形（第106页）5×；30秒RI	之字形交叉滑步（第153页）5×；步行到起点，重复	步频跑动训练（第210页）向前到向后5×；30秒RI	实心球—面墙＋侧椎球（第192页）；垂直位置5×10；60秒，组间RI
第3周	正面阻力（第61页）10×15码；步行到起点，然后重复	背面阻力（第62页）10×15码；步行到起点，然后重复	20码正方形（第106页）在最后挥拍5×；30秒RI	V形训练（第126页）5×；30秒RI	步频跑动训练（第210页）向所有方向做反应5×；30秒RI	实心球—面墙＋胸前传球（第191页）5×10；30秒RI
第4周	背面阻力（第62页）10×15码；步行到起点，然后重复	体育场楼梯（第60页）5×10级，40秒RI	多方向跳跃（第131页）每条腿10×10码；步行到起点，然后重复	V形训练（第126页），对球挥拍5×；30秒RI	箱子—横（第207页）5×10；30秒RI	单臂实心球—面墙＋胸前传球（第191页）每侧手臂5×10；30秒RI
第5周	体育场楼梯（第60页）8×10级，40秒RI	跳到最高和最远（第45页）10×10码；步行到起点，然后重复	之字形通过标志桶（第113页）5×；30秒RI	X形多技能（第107页）5×；30秒RI	剪式跳跃训练（第200页）5×10；50秒RI	实心球横向滑步加传球（第181页）加速向5×10；30秒RI
第6周	跳到最高和最远（第45页）10×10码；步行到起点，然后重复	箭步蹲跳（第77页）每条腿5×5；30秒RI	之字形通过标志桶（第113页）加挥拍5×；30秒RI	X形多技能（第107页）加挥拍5×；30秒RI	剪式跳跃训练（第200页）加向前移动5×10码；50秒RI	上身滑步（第196页）5×10；30秒RI
第7周	箭步蹲跳（第77页）每条腿5×5；30秒RI	进进出出（第50页）6×15码，然后重复	粘滑步（第133页）4×绳梯长度，然后重复	星形训练（第131页）5×30秒；30秒RI	横向滑冰训练（第201页）加向前移动5×10码；50秒RI	实心球单臂俯卧撑（第194页）5×10；30秒RI
第8周	进进出出（第50页）6×15码，步行到起点，然后重复	搭档辅助的橡胶管加速（第66页）10×15码；步行到起点，然后重复	粘滑步（第133页）加击球4×绳梯长度，步行到起点重复	星形训练：（第131页），步听口令5×30秒；30秒RI	星形训练（第201页）每个方向5×5码，50秒RI	实心球—横卧步＋横向移动（第195页）5×10；30秒RI

RI＝休息时间。

关于编者

李·E.布朗（Lee E.Brown），教育学博士，CSCS*D，FNSCA，FACSM，是美国国家体能协会（*National Strength and Conditioning Association*，NSCA）理事会（Board of Directors）的前任主席。2014年，布朗因其在协会的工作获得了NSCA的终身成就奖（Lifetime Achievement award）。

布朗拥有佛罗里达大西洋大学（Florida Atlantic University）的运动科学硕士学位，以及教育领导博士学位。布朗以前是高中体育老师，指导过多种运动项目，目前在美国加州州立大学富勒顿分校（California State University, Fullerton）的运动机能学系中任职力量和体能教授。他与妻子特里萨（Theresa）住在加利福尼亚州的布埃纳帕克（Buena Park, California）。

万斯·A.费里格诺（Vance A·Ferrigno），学士学位FAFS 是F3训练系统有限责任公司（F3 Training Systems, LLC）的总裁，也是悬崖俱乐部（Cliffs Clubs）的耐克NG360高尔夫运动表现专家（Nike NG 360 Golf Performance Specialist），监管高尔夫球运动表现项目。费里格诺从佛罗里达州立大学（Florida State University）获得了运动科学学士学位，并从格雷研究所（Gray Institute）获得了应用功能科学的研究员资格（Fellow of Applied Functional Science）。他的证书包括，美国运动医学学院

（American College of Sports Medicine）的健康健身专家（Health Fitness Specialist）和健康健身指导员（Health Fitness Director）、美国力量和体能协会（National Strength and Conditioning Association）的认证力量和体能专家（Certified Strength and Conditioning Specialist）、美国举重俱乐部教练（USA Weight Lifting Club Coach）、美国自行车2级教练（USA Cycling Level 2 Coach），以及耐克NG360高尔夫运动表现专家（Nike NG 360 Golf Performance Specialist）。他住在南卡罗来那州的特拉弗勒斯雷斯特（Travelers Rest，SC）。

关于撰稿人

托里·博德特（Tori Beaudette），硕士，从加州州立大学富勒顿分校获得了运动人体科学硕士学位，她在那里研究了超速垂直跳跃的影响，并且曾任人类运动表现实验室（Human Performance Laboratory）主任。博德特曾在位于谷歌山景城（Google Mountain View）的EXOS任职运动表现专家，现在是加州州立大学圣贝纳迪诺（San Bernardino）分校的运动人体科学系的兼职教师。

杰伊·道斯（Jay Dawes），博士，是科罗拉多大学（University of Colorado）科罗拉多斯普林斯分校（Colorado Springs）的力量和体能助理教授。杰伊担任力量和体能教练、私人教练、教师和康复专家的经验超过15年，并仍然是各种项目的运动员、执法人员，以及那些对于身体素质要求很高的职业的体能顾问。他是美国力量和体能协会（NSCA）的认证力量和体能专家（CSCS）和认证私人教练（CPT），并获得美国运动医学学院（American College of Sports Medicine）的健康健身专家（ACSM–HFS）认证、美国举重（USA Weightlifting）的认证俱乐部教练，以及澳大利亚力量和体能协会（Australian Strength and Conditioning Association）的2级力量和体能教练。此外，杰伊在2009年被认定为NSCA（FSCA）的研究员。

安德烈·杜波依斯（Andrea Bu Bois），硕士，HFS，是美国运动医学学院（ACSM）的认证健康健身专家（HFS）。安德烈从加州州立大学富勒顿分校获得了运动人体科学硕士学位，其研究重点是力量和体能训练，以及运动表现。安德烈在富勒顿的时候，任职运动人体科学系的教研助理，以及人类运动表现实验室的主任。在获得硕士学位之前，安德烈曾担任加州州立大学圣贝纳迪诺分校（CSUSB）休闲运动系的健身和水上运动协调员。她还担任过CSUSB女子越野队的助理教练。安德烈正在南加州大学（Southern California）攻读运动学博士学位。作为其研究的一部分，安德烈是物理治疗方案的博士生助教，并在杰奎林佩里肌肉骨骼生物力学研究实验室（Jacquelin Perry Musculoskeletal Biomechanics Research Laboratory）担任研究助理。

约翰·格雷厄姆（John Graham），硕士，HFS，CSCS*D，RSCC*D，FNSCA，是圣卢克大学健康网络（St. Luke's University Health Network）的运动和人类运动表现部高级主管，该大学位于宾夕法尼亚州的阿伦敦和伯利恒（Allentown and Bethlehem）。他是新泽西学院（College of New Jersey）健康与运动科学系的兼职教授，也是迪西尔斯大学（DeSales University）的体育和运动科学系的兼职教授。约翰是美国运动协会（American Council on Exercise，ACE）的行业咨询小组成员，也是《力量和体能杂志》（*Strength and Conditioning Journal*）的副主编。他主持NSCA认证委员会，而他也是该委员会的成员。约翰是一位认证的力量和体能专家、力量和体能注册教练，以及ACSM认证的健康健身专家。

约翰是2001～2003年的NSCA理事会成员，并且是2002年的副会长，2003年的秘书长。他于2000年荣获NSCA《力量和体能杂志》（*Strength and Conditioning Journal*）编辑优秀奖（Editorial Excellence Award）。医疗健身协会（Medical Fitness Association）、美国国家多发性硬化症协会（National Multiple Sclerosis Society）、《宾夕法尼亚州东部商业杂志》（*Eastern Pennsylvania Business Journal*）、宾夕法尼亚州参议院和众议院，以及哈莫特卫生系统（Hamot Health Systems）均表彰了他为健身和体育运动所做出的贡献。

道格·伦茨（Doug Lentz），硕士，CSCS*D，RSCC*E，是在宾夕法尼亚州钱伯斯堡（Chambersburg，Pennsylvania）的靶向治疗和健身（Results Therapy and Fitness）的健身和健康总监。道格也是美国举重（USA Weightlifting）的国家级教练。自他于1981年毕业于宾夕法尼亚州立大学（Penn State University）以来，道格曾指导过16个体育项目的职业、奥运、高校、高中和青少年等级别的运动员进行力量和速度训练。在1992年奥运会的马拉松选手史蒂夫·斯宾塞（Steve Spence）的职业赛生涯中的大部分时期，伦茨都是他的体能教练。道格现在与尼利·斯彭斯·格雷西（Neely Spence Gracey）合作，后者是参加了汉森–布鲁克斯长跑项目（Hansons–Brooks Distance Project）的职业跑手。道格重点发展短跑和长跑运动员的爆发力和加速能力。1992年至1998年，道格是美国力量和体能协会（NSCA）在宾夕法尼亚州的主任，1994年至2004年，他是NSCA会议委员会（NSCA Conference Committee）主席。1991年至2005年，伦茨是美国跑步协会（American Running Association）的特别顾问。

洛根·施瓦茨（Logan Schwartz），医学博士，CSCS，FAFS，是得克萨斯大学（University of Texas）的男子篮球项目的力量和体能助理教练。在加入得克萨斯大学之前，施瓦茨在奥斯汀的"为比赛训练（Train 4 The Game）"项目工作了四年，担任体能专家和力量教练，以及实习计划主管。他拥有在得克萨斯大学奥斯汀分校的运动人体科学学士学位，以及运动生理学硕士学位。施瓦茨是美国力量和体能协会的认证力量和体能专家（CSCS），并且是格雷研究所（Gray Institute for Functional Transformation，GIFT）的应用功能科学研究员（FAFS），并获得功能筋膜松解术（FMR）的认证。洛根还拥有应用机能学认证（CAFS），并且是耐克高尔夫NG360运动表现专家（Nike Golf NG360 performance specialist）。施瓦茨也是生物机械足部辅具的处方和制造的从业人员，以及功能性软组织改造的从业人员。

崔西·斯塔特勒（Traci Statler），博士，CC-AASP，CSCS，在美国加州州立大学富尔顿分校担任运动和表现心理学副教授，并且是通过应用运动心理学协会（Association of Applied Sport Psychology）认证的顾问（CC-AASP）。她是美国力量和体能协会（NSCA）的力量与体能专家（CSCS），曾为美国田径队担任过15年的运动心理学顾问和认知能力教练。作为大学教授，斯塔特勒任教于运动心理学的应用、理论和咨询问题的课程，以及运动学的法律和道德问题的课程。她在应用运动心理学领域已经工作了二十年，并为多项运动的高校、职业、奥运等级别的运动员，以及整个南加州的医生、医疗从业人员和警官提供咨询。

黛安·比韦斯（Diane Vives）是位于得克萨斯州奥斯汀的比韦斯训练系统和Fit4 Austin（Vives Training Systems and Fit4Austin）的总裁兼体能训练主任。比韦斯教练热衷于引导其体能教练团队使用由基于证据的体系驱动的创新训练方法。她的体能训练对象包括运动员和一般群众，专注于小组训练和团队训练。比韦斯也是运动功能训练系统（Functional Movement Systems）的教育主任和首席导师。2008 ~ 2013年，她是安德玛（Under Armour）体能训练委员会（Performance Training Council）中唯一的女性。2006 ~ 2009年，她是美国力量和体能协会（National Strength and Conditioning Association）理事会成员。比韦斯是《速度、灵敏和反应，第二版》（Speed, Agility, and Quickness,Second Edition）和《发展速度》（Developing Speed）的合著作者，两书均由 Human Kinetics 出版。她还为"训练女性运动员（Training the Female Athlete）"、"SMART训练，1 ~ 4集（SMARTsets Training Volumes 1 to 4）"，以及"H2O创新阻力训练（H2O Innovative Training With Active Resistance）"制作了视频课程。比韦斯是全球各地的训练员和力量教练的导师，也是许多领先的国际组织的特约主持人，对运动表现和健身行业产生了积极的影响。